WALTER KRIEGER – BALTHASAR SIEBERER (HG.)

LEBEN IST VIELFALT
Pluralität in Gesellschaft und Kirche

WALTER KRIEGER – BALTHASAR SIEBERER (HG.)

LEBEN IST VIELFALT
Pluralität in Gesellschaft und Kirche

WAGNER VERLAG
Edition Kirchen·Zeit·Geschichte

IMPRESSUM

Bibliografische Informationen der Deutschen Bibliothek

Die Deutsche Bibliothek verzeichnet diese Publikation in der Deutschen Nationalbibliografie; detaillierte bibliografische Daten sind im Internet über http://dnb.ddb.de abrufbar.

Alle Rechte vorbehalten – Printed in Austria

© 2016 Wagner Verlag

DDr. Helmut Wagner, Harrachstraße 7, A 4020 Linz
office@wagner.at – www.wagnerverlag.at

Herausgeber: Österreichisches Pastoralinstitut – ÖPI
Stephansplatz 6/1/2/6, A 1010 Wien
oepi@pastoral.at – www.pastoral.at

Layout, Textsatz: Maria Hadrigan, ÖPI

Druckvorstufe: Mag. Bernhard Kagerer, BK Layout+Textsatz
bernhard.kagerer@inode.at, Ritzing 3, A 4845 Rutzenmoos

Herstellung: druck.at
Druck- und HandelsgesmbH
Aredstraße 7, A 2544 Leobersdorf

ISBN: 978-3-903040-12-0

Inhalt

Vorwort 7

Hans Walter Vavrovsky
    Einleitung 9

Wilhelm Guggenberger
    Im Unbestimmten leben
    Pluralität als gesellschaftliche Herausforderung 11

Amani Abuzahra
    Kulturelle Identität in pluraler Gesellschaft 35

Ulrike Bechmann
    Schwerter zu Pflugscharen (Mi 4,3) oder
    Pflugscharen zu Schwertern (Joel 4,10)?
    Pluralität und Identität in der Bibel 43

Hildegund Keul
    Verletzlichkeit wagen
    Die Inkarnationstheologie des Konzils und die umstrittene
    Heterogenität in Kirche und Gesellschaft 71

Franz Hirschmugl
    Was Kirche von Marke lernen kann 91

Christian Bauer
    „Don't believe the type"?
    Inspirationen für eine pluralitätsfähige Kirche 109

Podiumsdiskussion mit Jugendvertretern
    Oliver Binder, Matthias Kreuzriegler und
    Marawan Mansour 133

Bischof Alois Schwarz
    Leben ist Vielfalt. Ansprache 151

Autorenhinweise 154

Vorwort

Solange es gut geht, ist es kein Problem, wenn andere anders sind. Aber wenn sie die eigenen Vorstellungen in Frage stellen – und man dies dabei als „nicht gut" erlebt – wird das Leben in einer pluralistischen Gesellschaft zu einer alltäglichen Herausforderung für Toleranz, Rücksicht, Nachsicht – und Nächstenliebe.

Denn: Jene Menschen sind meine Nächsten, die mir hier und heute begegnen. Jene Menschen sind meine Nächsten, die mein freundliches Wort und meine helfende Tat benötigen. Jene Menschen sind meine Nächsten, die meine Unterstützung in der öffentlichen Auseinandersetzung brauchen.

Die Vielfalt dieser Welt ist von Gott wohlgewollt. In diesem Sinn versteht sich die Kirche – besonders in ihrem pastoralen Engagement – als vielfältiges Zeichen und Werkzeug einer Einheit der Menschen, zu der wir als Kinder des einen Gottes berufen sind.

Diesem gesellschaftlichen und ebenso kirchlichen Phänomen der Pluralität, die wir mitgestalten, hat sich die Österreichische Pastoraltagung 2016 gewidmet. Die Beiträge in diesem Buch fassen die Referate und andere Elemente dieser Tagung zusammen. Aber über Pluralität wurde nicht nur gesprochen: Sie wurde – mit interreligiösen und ökumenischen Akzenten – gelebt.

Für das Österreichische Pastoralinstitut

Dr. Walter Krieger
Generalsekretär

Balthasar Sieberer
gf. Vorsitzender

HANS WALTER VAVROVSKY

EINLEITUNG

Ich begrüße Sie hier in St. Virgil in einem Bildungshaus, das in der Aufbruchstimmung nach dem Zweiten Vatikanum eröffnet wurde. Dieses Konzil führte in seinem Dokument „Nostra aetate" zu einer bahnbrechenden Öffnung der katholischen Kirche – hin zur Verständigung mit anderen Religionen und Weltanschauungen, sodass sich gerade das Thema dieser Österreichischen Pastoraltagung gut mit dem Geist unseres Hauses deckt.

Lange Zeit war in Österreich die Zugehörigkeit zu einer Kirche selbstverständlich. Diese Selbstverständlichkeit ist vorbei. Die Menschen sind jetzt wählerisch. Sie kommen und sie gehen. Sie wählen aus dem großen Angebot der Kirchen einzelne Teile heraus, andere lassen sie beiseite. Die Sakramente und Rituale, d.h. die Erlebnisdimensionen kommen nach wie vor gut an, die Moral und die Lehre weniger. Die religiöse Landschaft ist insgesamt in Bewegung, denn das kirchliche Angebot ist heute nur mehr eine unter vielen weltanschaulichen Optionen.

Eine Folge der neuen Beweglichkeit in religiösen und kirchlichen Belangen ist eine wachsende religiöse „Verbuntung", wie dies von Prof. Zulehner bezeichnet wurde. Diese Entwicklung fordert die christlichen Kirchen heraus: Wie finden sie sich in der neuen Buntheit ein? Wie gestalten sie den Dialog mit den anderen, z.B. den spirituellen Pilgern, den Atheisten, den Juden, den Muslimen?

Betroffen von dieser Entwicklung ist aber auch die Politik. Wie sich gerade in der jüngsten Vergangenheit gezeigt hat, kann sie die strikte Trennung von Religiösem und Politischem im Tagesgeschehen nicht immer durchhalten. Denn sie selbst wird durch

Einleitung

Ereignisse, die zumindest teilweise religiös motiviert sind, oft zur Getriebenen und herausgefordert, in Worten und Taten Stellung zu beziehen.

Die pastorale Aufgabe der christlichen Kirchen wird es sein, eine Sozialkompetenz, eine Sprache und eine Arbeitsweise zu entwickeln, mit der sie das Evangelium in die heutige moderne Zeit einfügen kann. Das entscheidende Kriterium dabei ist, ob die Kirchen glaubwürdig werden für das Evangelium als eine Weisung zu einem Leben in Würde, Selbstachtung, verantworteter Freiheit und solidarischer Liebe.

Mögen die Beiträge in diesem Buch auf der Basis der Österreichischen Pastoraltagung 2016 helfen, dass die so genannte Verbuntung nicht nur Herausforderung bleibt, sondern zur Chance, ja zum Gewinn werden kann.

Wilhelm Guggenberger

Im Unbestimmten leben
Pluralität als gesellschaftliche Herausforderung

„Ist das Schwere wirklich schrecklich und das Leichte herrlich? Das schwerste Gewicht beugt uns nieder, erdrückt uns, presst uns zu Boden. In der Liebeslyrik aller Zeiten aber sehnt sich die Frau nach der Schwere des männlichen Körpers. Das schwerste Gewicht ist also gleichzeitig ein Bild intensivster Lebenserfüllung. Je schwerer das Gewicht, desto näher ist unser Leben der Erde, desto wirklicher und wahrer ist es. Im Gegensatz dazu bewirkt die völlige Abwesenheit von Gewicht, dass der Mensch leichter wird als Luft, dass er emporschwebt und sich von der Erde, vom irdischen Sein entfernt, dass er nur zur Hälfte wirklich ist und seine Bewegungen ebenso frei wie bedeutungslos sind. Was also soll man wählen? Das Schwere oder das Leichte?"[1]

Diese Überlegungen stehen am Beginn von Milan Kunderas Roman *Die unerträgliche Leichtigkeit des Seins*. Von Pluralität ist hier nicht die Rede. Der Autor setzt das Leichte aber gleich mit dem Einmaligen, Vergänglichen, dem Flüchtigen, auch Beliebigen, das keine Verbindlichkeit stiftet. Das ist nun aber doch sehr verwandt mit der Vielfalt der Möglichkeiten, dem breiten Horizont des Wählbaren; der Pluralität also? Ich möchte daher in leichter Abwandlung Kunderas fragen: Was also soll man wählen, das Viele oder das Eine, die Pluralität oder die Homogenität, das Unbestimmte oder die Eindeutigkeit?

Pluralität als gesellschaftliche Herausforderung wurde mir als Thema vorgegeben. Ich habe den Begriff der Uneindeutigkeit hinzugefügt und behaupte damit, dass Leben in Pluralität ein Leben in Uneindeutigkeit bedeutet. Vorerst ist das freilich eine

Unterstellung, der es systematisch nachzugehen gilt. Ich werde das in drei Schritten tun:

- Zunächst gilt es, den Begriff der Pluralität klarer zu fassen und zu klären, ob sie – wenn sie unser Leben denn tatsächlich prägt – uns schon immer begleitet hat oder doch ein eher neues Phänomen darstellt.

- In einem zweiten Abschnitt werde ich der Frage nachgehen, wo und wie uns Pluralität in der Gegenwartsgesellschaft begegnet oder begegnen kann – ich muss mich dabei freilich auf eine Auswahl aus unserer Lebenswirklichkeit beschränken.

- Schließlich versuche ich, zumindest Hinweise darauf zu geben, wie solcher Pluralität begegnet, wie mit ihr umgegangen werden kann.

1. Pluralität, was ist das?

Der Wortbedeutung nach meint Pluralität schlicht eine Vielzahl. Plural kann alles Mögliche sein. Das ist wohl auch der Grund dafür, dass man in klassischen Lexika zur Soziologie oder Sozialphilosophie größtenteils nur den Begriff Pluralismus erklärt findet. Ich möchte beides aber auseinander halten. Denn Pluralität ist zunächst als ein Faktum zu verstehen, als etwas, das ich vorfinde und demgegenüber ich mich so oder anders verhalte, das ich herbeiwünschen oder fürchten, begrüßen oder auch ablehnen kann.

Pluralismus hingegen ist eine Haltung, eine Überzeugung, die sich der Vielfalt gegenüber positiv positioniert. Es soll diese Vielfalt geben, selbst wenn sie derzeit oder an diesem Ort faktisch nicht zu finden ist, sagt der Pluralist. In meinem Beitrag wird vorerst offen gehalten, ob Pluralität ein Wunsch- oder ein Schreckensbild ist oder etwas zwischen diesen beiden Polen.

Wir werden uns überdies nicht mit Vielfalt in jeglicher Bedeutung beschäftigen, sondern mit gesellschaftlicher Vielfältigkeit. Eine plurale Gesellschaft, so sagt es das nicht mehr ganz taufrische Katholische Soziallexikon, ist eine, die aus „einer Vielzahl von sozialen Gruppierungen ... [besteht], die sich nicht nur in ihren Rollen, Funktionen und Schichtungen unterscheiden, sondern auch in ihren grundlegenden Weltanschauungen, Wertvorstellungen und Normensystemen."[2] Hinzugefügt wird, dass diese Verschiedenheit eine staatliche oder gesellschaftliche Einheit nicht zu verunmöglichen braucht.

Wo es um weltanschauliche oder normativ-ethische Pluralität geht, kommen wir nahe an Diskussionen heran, die in Philosophie und Theologie mit wertender Positionierung geführt werden. Der Begriff des Pluralismus wird dabei meist in einem positiven Sinn verwendet; sieht man die Vielfalt hingegen kritisch, wird häufig auf den Begriff des Relativismus zurückgegriffen.

Leben wir nun in einer pluralen Gesellschaft im soeben skizzierten Sinn? Ist die Vielfalt also eine Realität oder nur ein Wunschbild von Pluralisten bzw. eine Horrorvision von Anti-Pluralisten?

Ich vermute, dass die meisten Zeitgenoss/innen die Frage „Leben wir in einer pluralen Gesellschaft?" spontan mit ja beantworten werden. Sie fügen vielleicht hinzu: „Das macht die moderne Welt doch gerade aus. Ihre Vielfältigkeit ist eines jener Charakteristika, das sie von vormodern-rückständigen Gesellschaften unterscheidet."

Wer so denkt, kann sich von der zeitgenössischen Soziologie und Sozialphilosophie bestätigt fühlen. Der Soziologe Zygmunt Bauman etwa reflektiert den Zerfall des *ancien regime* im Gefolge der Französischen Revolution und anderer europäischer Revolutionsereignisse. Mit *ancien regime* ist im Wesentlichen die hierarchisch gegliederte, europäische Adelsgesellschaft gemeint, in der unter der gemeinsamen Führung durch Thron und Altar sowohl die Biografien der Einzelmenschen, als auch deren gesellschaftliches Zusammenspiel weitestgehend vorreguliert waren. Mit dessen Zerfall sei auch die Einbettung der Menschen in eine – mitunter sehr kleinräumige – soziale und kulturelle Ordnung aufgebrochen und zerrissen.[3] Von Entbettung *(disembedding)* spricht auch der kanadische Philosoph Charles Taylor.[4] Er schreibt: „Wir leben heute in einer Welt, in der die Menschen das Recht haben, ihr eigenes Lebensmuster selbständig zu wählen, ihrem eigenen Gewissen folgend zu entscheiden, welche Überzeugungen sie vertreten wollen, und die Form der Lebensführung in zahllosen Hinsichten zu bestimmen, über die ihre Vorfahren keine Kontrolle hatten."[5] Für diese Vorfahren nämlich waren die entscheidenden Lebensvollzüge jene der gesamten Gemeinschaft, in die sie integriert waren, nicht aber ihre ureigensten, individuellen.[6]

Eine solche Entbettung ist sicherlich Befreiung, sie holt uns aber auch aus einer wohligen Geborgenheit heraus, stellt uns gleichermaßen in die Ausgesetztheit einer unvertrauten Welt und sagt: *It's your turn.* Du bist am Zug, entscheide, gestalte! Die neue Freiheit der modernen Welt, so Bauman, wurde daher nicht selten als großer Schrecken erlebt. So ist gerade die jüngere europäische Geschichte durch gigantische Versuche geprägt, das Gespenst der Ungewissheit durch Reglementierung wieder auszutreiben. „In letzter Instanz lief die moderne Heilung von der Ungewissheit darauf hinaus, den Bereich der Wahl zu beschneiden. Nicht den theoretischen, abstrakten Entscheidungsbereich, den die Moderne ständig erweiterte und damit den Umfang von Angst und Furcht ausdehnte, sondern einen praktisch, pragmatisch vernünftigen Bereich ‚realistischer' und nicht zu kostspieliger Wahlmöglichkeiten – folglich den Bereich der Wahlen, die aller Wahrscheinlichkeit nach ‚im besten Interesse' des Wählenden zu liegen schienen und deshalb ebenso wahrscheinlich gewählt werden würden."[7] Das heißt, dass die Moderne nicht nur ein Freiheitsprojekt ist, sondern auch ein Projekt der Perfektionierung. In diesem Perfektionierungsprojekt gab es zahlreiche, zum Teil durchaus wohlgemeinte Versuche der Bevormundung von freien aber auch verunsicherten Menschen. Die Verunsicherten selbst begaben sich letztlich immer wieder in die Hände einiger wenig wohlwollender starken Männer und öffneten so den Totalitarismen unterschiedlicher Provenienz Tür und Tor. Eine paradoxe Folge der Befreiung zu Individualität und möglicher Vielfalt sind daher ausgerechnet die Diktaturen des 20. Jahrhunderts.

Die Flucht aus der Freiheit durch eine Delegation von Verantwortung an Führer und Ideologien endete in der Geschichte bekanntlich durchwegs in der Katastrophe. Die Katastrophen des 20. Jahrhunderts haben zu einem berechtigten Misstrauen gegenüber allen sozialen Perfektionierungsprojekten geführt. In den Geisteswissenschaften wurde der Epochenbegriff der Moderne durch den der Postmoderne abgelöst. Vieles wurde über die Postmoderne gesagt und geschrieben, das uns hier nicht weiter zu interessieren braucht. Gemeinsam ist dem allen aber, dass der Glaube an ein großes, gemeinsam zu verwirklichendes Ziel als Illusion erscheint oder bewusst aufgegeben wird. Unser Dasein wird damit endgültig zum Container, der mit Möglichkeiten angefüllt ist, mit Lebensbausteinen, ohne dass dieser Packung eine Gebrauchsanweisung oder ein Bauplan beigelegt wäre. Wiederum dürfen wir uns über die damit gegebene Freiheit freuen. Ebenso meldet sich zugleich das Gefühl der Unbestimmtheit, der Unterdeterminiertheit, der Ratlosigkeit und der Überforderung durch eine Situation, in der ich als Person ganz auf mich gestellt bin. Der Werbespruch einer Möbelfirma: „Wohnst du noch oder lebst du schon?" wurde einmal ironisch abgewandelt zu: „Schraubst du noch oder wohnst du schon?" In unseren postmodernen Existenzen, so könnte man in Anlehnung daran sagen, kann man nie endgültig wohnen, weil man sich sein Leben permanent erst zusammenzuschrauben hat, als Do-it-yourself-Existenz.

Dazu nochmals Bauman: „Man könnte einwenden, dass Menschen seit jeher gezwungen waren, Entscheidungen zu treffen und zwischen verschiedenen Optionen zu wählen. Doch nie zuvor wurde diese Notwendigkeit als derart dringlich und bedrängend empfunden, sie ist uns in einer Zeit, die geprägt ist von unumgänglicher Ungewissheit und in der wir ständig Gefahr laufen, abgeschüttelt, zurückgelassen und für immer ausgeschlossen zu werden, sobald wir mit den neuen Anforderungen nicht mehr Schritt halten können, schmerzhafter bewusst als jemals zuvor."[8] Diese schmerzliche Dringlichkeit mag gar als Tyrannei der Möglichkeiten empfunden werden. Oder wie das Soziologenehepaar Beck/Beck-Gernsheim es ausdrückt: „Der Mensch wird (im radikalisierten Sinne Sartres) zur Wahl seiner Möglichkeiten, zum homo optionis. Leben, Tod, Geschlecht, Körperlichkeit, Identität, Religion, Ehe, Elternschaft, soziale Bindungen – alles wird sozusagen bis ins Kleingedruckte hinein entscheidbar, muss einmal zu Optionen zerschellt, entschieden werden."[9]

Aus der unsere Gegenwart prägenden, ermöglichenden und zugleich verunsichernden Freiheit folgen zumindest drei Punkte, die unser Leben unausweichlich bestimmen:

1) Individualität:

Jede und jeder von uns kann den eigenen Lebensentwurf selbst gestalten, muss ihn sich selbst erarbeiten. Die Freiheit dazu ist freilich keine absolute, sie ist auf die Möglichkeit der Auswahl aus einem gegebenen Set an Optionen beschränkt. Dennoch kann sich kaum noch jemand in ein geprägtes Rollenbild einfach einfügen. Die vorgespurten Wege existieren nicht mehr oder es ist wenig ratsam, sie einzuschlagen, will man in der Gegenwartsgesellschaft bestehen.

2) Flüchtigkeit:

Auch wenn nichts, was einmal getan wurde oder geschehen ist, rückgängig gemacht werden kann, werden unsere Lebenswege immer mehr zu Bastelbiographien. Entscheidungen sind nicht unbedingt Lebensentscheidungen, sondern häufig vorläufige Optionen, die an einer der nächsten Weggabelungen schon wieder durch andere ersetzt werden können, ja ersetzt werden müssen. Wir sind zweifellos flexibler als unsere Eltern oder Großeltern, erfahren dadurch aber jene Leichtigkeit der Existenz in all ihrer Ambivalenz, die Milan Kundera so meisterhaft beschrieben hat.

3) Fremdheit:

Da jede Biografie eine individuell zusammengebaute ist und nicht selten zahlreiche Kehren und Brüche aufweist, gibt es immer weniger normierte oder eingeübte Verhaltensmuster gegenüber anderen. Wir begegnen so öfter dem völlig Unvertrauten, jenen Lebensentwürfen, die uns ganz und gar fremd erscheinen. Wir verfügen über kein Drehbuch mehr, in dem unsere je eigene Rolle und jene der anderen einander zugeordnet wären. Oder wie Ulrich Beck schreibt: „Der Erfahrungsraum und Erwartungshorizont der Individuen fällt nicht mehr mit den Kästchen und Schubladen der ‚Rollen', ‚Klassen' und ‚Systeme' zusammen, welche die Soziologen der ersten Moderne ihnen zugedacht haben. Das Zeitalter des ‚eigenen Lebens' behauptet und eröffnet eine Rollenverflüssigung des Sozialen."[10] Das gesellschaftliche Bild wird dadurch reicher und bunter, aber auch komplexer und verwirrender.

Wir können festhalten: Ja, Pluralität als Vielfalt von Lebensgestaltungsoptionen scheint tatsächlich als Faktum gegeben und sie ist ein Charakteristikum unserer Zeit, etwas also, womit unsere Vorfahren zumindest nicht in dem Maß zu tun hatten, in dem wir es haben.

2. Wo begegnet uns gesellschaftliche Pluralität?

In diesem Abschnitt lade ich ein, einen Blick auf die Realität der gegebenen gesellschaftlichen Vielfalt in einigen exemplarischen Lebensbereichen zu werfen, auf jene Pluralität, die sich im sozialen Umfeld aus der individuellen Wahlfreiheit ergibt.

A) Pluralität der Lebensformen

Wer in einem amtlichen Dokument den Lebensstand anzugeben hat, findet sich gewöhnlich auf die vier Möglichkeiten *ledig, verheiratet, geschieden, verwitwet* beschränkt. Die Realität bildet dieses Begriffsquartett freilich nur noch unzulänglich ab. Im vergangenen Herbst widmete die Wochenzeitung *Die Zeit* – angeregt durch die Bischofssynode in Rom – dem Thema Familie ein ausführliches Dossier. Unter anderem wurden darin sehr ehrliche und berührende Berichte von Menschen über ihr eigenes, individuelles Familiendasein abgedruckt.[11] Da war die alleinerziehende Mutter ebenso zu finden, wie das kinderlose

Ehepaar, sodann die beiden gleichgeschlechtlichen Paare, von denen jeweils ein Teil die biologischen Eltern von zwei Kindern sind, um die sich alle vier gemeinsam kümmern sowie der katholische Priester, der zum Protestantismus konvertierte, um mit seinem Freund eine eingetragene Partnerschaft schließen zu können. Es ist freilich bei Weitem nicht die Mehrheit der Bevölkerung, die stark von der – statistisch noch immer bestehenden – Norm des heterosexuellen Paares abweichend lebt, aber die Tatsache, dass es die genannten Lebensformen gibt und mehr noch die Tatsache, dass auch einigermaßen offen darüber gesprochen wird, macht deutlich, dass gegenwärtig viel mehr möglich ist, als noch vor wenigen Jahrzehnten. Gegenwärtig ist sowohl rechtlich, als auch entsprechend den Maßstäben gesellschaftlicher Akzeptanz einfach mehr möglich.

Sowohl in Österreich als auch in Deutschland lebt die Mehrheit der Menschen als heterosexuelles Paar. In 40% der österreichischen Paar-Haushalte leben keine Kinder. Das hat nicht nur damit zu tun, dass die Anzahl der kinderlosen Menschen generell steigt, sondern vielmehr damit, dass wir es in großem Maße mit älteren Ehepaaren zu tun haben, deren Kinder schon aus dem Haus sind. Das könnte ein Hinweis darauf sein, dass die klassische Lebensform des verheirateten Paares ein Modell der Alten und damit ein Auslaufmodell ist.

Ganz so einfach ist es dann wohl doch nicht. Denn immerhin wurden 2014 in Österreich 36.000 Ehen geschlossen, freilich auch 16.000 geschieden.[12] Die Durchschnittsdauer einer Ehe in Österreich beträgt derzeit 11 Jahre. Da haben, wenn ich es salopp formulieren darf, bei einer Lebenserwartung von etwa 80 Jahren, durchaus mehrere Partnerschaften in einer Biografie Platz. 2008 waren 65% der geschlossenen Ehen Erstehen.[13] Die Bindungsfreudigkeit der Menschen in diesem Land scheint somit nicht gleichmäßig verteilt, denn während die einen sich mehrfach binden, leben 16 % der Österreicher/innen allein. Die Anzahl der Einpersonenhaushalte ist von 1980 bis in die Gegenwart um über 80 % angestiegen.[14] Die Gründe dafür sind unterschiedlich, sie reichen von Noch-nicht-gebunden-sein über die Partnerschaft auf Distanz und das freiwillige oder unfreiwillige Single-Dasein bis hin zum Status des Verwitwetseins. Unter den in Österreich vor dem Gesetz eingegangenen Partnerschaften sind mittlerweile etwa ein Prozent gleichgeschlechtliche (368 eingetragene Partnerschaften).

All das sind trockene Statistiken, die auch bei Weitem nicht jene Vielfalt wiederzugeben vermögen, die unsere Realität ausmacht. Dazu gehören unterschiedliche Beziehungsformen jenseits der durch den Mikrozensus erfassbaren Größe Haushalt, etwa unterschiedlichste Formen von Patchworkfamilien.[15] Das Standardmuster einer Familienbiografie gibt es jedenfalls kaum mehr, selbst wenn dieses den Wunschvorstellungen vieler Menschen noch immer entsprechen mag. Im Rahmen der Familiensynode von 2015 hat das auch die Katholische Kirche wahrgenommen und ist zumindest ansatzweise zu dem Schluss gekommen, dass Seelsorge sich nicht auf das Segment der Menschen beschränken kann, das dem kanonischen Idealbild entspricht. Doch nicht nur eine Institution wie die Kirche ist durch die neuen Gegebenheiten herausgefordert, mitunter überfordert. Auch Einzelmenschen müssen damit fertig werden; fertig werden etwa mit der Tatsache, dass Freunde, Angehörige, Kinder, ja mitunter auch Eltern sich für Lebensformen entscheiden, denen man selbst nichts abgewinnen kann; fertig werden aber auch damit, dass trotz genereller Pluralität gerade für sie jene Lebensform aus der Vielzahl der Möglichkeiten, die sie sich wünschen, aufgrund unterschiedlicher Randbedingungen nicht realisierbar ist.

Am Zustandekommen einer konkreten Lebensführung sind stets unterschiedliche Faktoren beteiligt, wie Verschiebungen im gesamten Sozialgefüge, von der Politik gezielt gesetzte Strukturelemente sowie die persönliche, freie Entscheidung. In welchem Ausmaß welcher Faktor zum Tragen kommt, kann, wenn überhaupt, nur am Einzelfall beobachtet werden.[16]

B) Pluralität der Kulturen

Kulturelle Pluralität entsteht dadurch, dass Menschen, die in verschiedene kulturelle Kontexte hineingeboren und hineingewachsen sind, den gleichen Lebensraum teilen. Im Falle Österreichs ist kulturelle Pluralität großteils eine Folge von Zuwanderung, somit also nur bedingt auf freie Entscheidungen von Individuen zurückzuführen, da Migrationsbewegungen ja bekanntlich zumeist aus massivem äußeren Druck, ja Zwang resultieren.

Nach Zahlen der Statistik Austria lebten in Österreich zu Anfang 2015 etwa 8,6 Millionen Menschen. Gut sieben Millionen davon wurden in Österreich geboren (auch unter ihnen einige mit sog. Migrationshintergrund), knapp 700.000 in einem anderen EU-Land oder der Schweiz. Etwas mehr als ein Drittel dieser letzten Gruppe sind deutsche Staatsbürger. 160.000 Einwohner/innen Österreichs sind in der Türkei geboren, über 140.000 in anderen asiatischen Staaten, die weitaus meisten davon in Afghanistan. 47.000 Menschen kamen aus Afrika, wobei die größte Gruppe aus Ägypten stammt. Die Einwanderergruppen aus Lateinamerika (knapp 21.000) und Nordamerika (knapp 13.000) nehmen sich daneben recht bescheiden aus.

Schon diese wenigen Zahlen machen klar: Die österreichische Gesellschaft ist nicht homogen, sie besteht aus Menschen unterschiedlichster kultureller und ethnischer Herkunft. Eine größere

Gruppe davon ist durch einen islamischen Kontext geprägt, was nicht dazu verleiten sollte, diese einer einheitlichen kulturellen Identität zuordnen zu wollen.

Eine gängige sozialwissenschaftliche These lautet: In einer sich pluralisierenden Gesellschaft ist die Integration von Fremden an sich leichter möglich als in traditionellen, geschlossenen, die sehr einheitlich geformt sind. Begründet wird dies damit, dass in vielfältigen, offenen Gesellschaften Integration stark formalisiert ist. Das heißt, dass die Einbindung über eine Eingliederung in formale Systeme und Strukturen erfolgt, wie: Kindergarten, Schule, Betrieb, vielleicht auch Vereine oder über die ökonomischen Märkte, in denen konsumiert wird.[17] Eine anspruchsvollere, inhaltliche Eingliederung ist schon deshalb nicht notwendig oder gar nicht möglich, weil nicht klar ist, in welches normativ-inhaltliche Muster denn eingegliedert werden sollte. Vor nicht allzu langer Zeit konnten Menschen, die von außen in ein traditionelles österreichisches Dorf kamen, in dem es weder nennenswerte horizontale, noch vertikale soziale Mobilität gab, den Status des „Zuagroasten", also Fremden praktisch nie abstreifen. Die Eingliederung in die Wir-Gruppe geschah dort über Familie, Abstammung und sehr lokale Besonderheiten. Der Zugang dazu war von außen Kommenden kaum möglich. In einer der heute üblichen Schlafgemeinden im Umfeld von Städten sieht das ganz anders aus, auch wenn sie nach wie vor als Dörfer gelten mögen. Die Lebensstile sind individualisiert, das soziale Netz bereits ziemlich formalisiert. Wer seine Steuern bezahlt, den Müll trennt und die Nachbarn nicht durch Lärm oder Gerüche stört, kann grundsätzlich relativ leicht dazugehören.

„Wenn das Zusammenleben in der Gesellschaft nicht mehr über Klassen, Schichten und Gruppen geleistet, sondern auf individuelle Mitgliedschaftsrollen in Systemen umgestellt wird, sind jedenfalls große, alles überwölbende nationale Erzählungen oder hegemonial ausgerichtete Weltbilder nicht mehr vorstellbar, sondern nur noch individualzentrierte und damit kleine kulturelle Kommentierungen eines je spezifischen Lebensstiles. Man muss mit einem massiven Bedeutungsverlust von Kultur rechnen."[18]

Dennoch sprechen die Erfahrungen der Gegenwartsgesellschaft auch in Österreich eine deutlich andere Sprache. Kulturelle Verschiedenheit und Integration werden zu zentralen Problemen, die mitunter geradezu als unbewältigbar erscheinen. Warum ist das so?

Ein Grund dafür ist, dass formale Integration relativ rasch an ihre Grenzen gerät. Wenn einige wenige „fremde" Kinder, deren Muttersprache nicht Deutsch ist, in eine Schule kommen, werden diese früher oder später einfach Teil des bestehenden und funktionierenden Systems (formale Integration). Sie können und müssen sich einpassen. Es besteht ein starker Sog, sich dem hierorts Üblichen anzupassen, um überleben zu können. Kommen solche Kinder aber in großen Gruppen, so bilden sie – völlig nachvollziehbar – eigene Milieus, können sich in der eigenen Gruppe etablieren und fühlen dann weniger das Bedürfnis, Teil einer bereits vorhandenen Sozialstruktur zu werden. Sie bringen sozusagen ihre eigene Struktur oder eine spezifische Ausformung dieser Struktur mit. Dies ist eine quantitative Grenze für formale Integration. Daneben gibt es auch eine qualitative Grenze. Wenn ausländische Jugendliche sich z.B. im Sportverein engagieren, können sie über die erbrachte sportliche Leistung relativ leicht Anerkennung und damit ihren Platz in der integrierenden Gesellschaft finden. Gehört aber etwa Alkoholkonsum oder ein bestimmter Umgang der Geschlechter miteinander zur „Feier-Kultur" des Vereinslebens, wird die formale Integration in eine weltanschaulich an sich neutrale Struktur oft verwehrt. Unsere Gesellschaftsstrukturen sind eben keineswegs so kulturfrei, wie es uns aus einer Innenperspektive erscheinen mag.

Die sich aus solchen Grenzen ergebenden Probleme gilt es wahrzunehmen. Sie werden allerdings oft nicht wahrgenommen, um verstanden und bearbeitet zu werden, sondern um sie für Interessenpolitik zu instrumentalisieren. Dies geschieht, weil die genannten Probleme mit einem anderen zusammentreffen, das bereits weiter oben angesprochen wurde: Die sich pluralisierende Gesellschaft sollte sich einerseits leichter damit tun, Neuem, Anderem, Fremdem Raum zu geben, zugleich verunsichert zunehmende Pluralität aber auch – und damit wächst eine neue Sehnsucht nach starken überwölbenden Identitäten. Die Rede von Kultur verliert deshalb nicht an Bedeutung, sondern wird stärker und dient sogar der Abgrenzung voneinander. Das gilt sowohl für die Mehrheits-, als auch für die Minderheitskulturen. Auf der einen Seite entsinnt man sich plötzlich wieder einer christlichen Kulturtradition, die sich z.B. in der Behauptung des kulturellen Monopols von Kirchtürmen äußert, auch wenn man selbst schon lange keinen Gottesdienst mehr besucht hat. Auf der anderen Seite werden Kopftücher von Mädchen mit Stolz getragene Unterscheidungszeichen, auch wenn die Mütter dieser Mädchen sich nie in ihrem Leben verschleiert haben und ihren Vätern daran nichts liegt. Religion kann sogar „als Merkmal der Identität von Individuen oder Gruppen aktiviert werden, die sich sonst nicht religiös betätigen und keine spezifisch religiösen Glaubensüberzeugungen vertreten."[19]

All dies scheint mir allerdings nur ein Zeichen dafür zu sein, dass kulturelle Pluralität für uns bislang mehr Wort als Praxis war. Denn Pluralität bedeutet eben gerade das Nebeneinander von Verschiedenem, nicht das Aufgehen des Anderen im Eigenen oder umgekehrt (also nicht Assimilation). Häufig wird Integration allerdings in diesem nicht-pluralen Sinn verstanden.

Dass Kultur mehr ist als ein bisschen Musik und Gastronomie und Mulitkulturalität daher mehr fordert als die Liebe zu Weltmusik und dem Persischen Restaurant ums Eck, das beginnt uns erst allmählich zu dämmern. Ich will und kann mich hier nicht auf das schwierige Geschäft einlassen, einen exakten Kulturbegriff zu definieren. Klar ist jedenfalls, dass eine andere Kultur auch andere Einstellungen etwa zur Pluralität von Lebensformen mit sich bringen kann, ein anderes Verständnis des Verhältnisses zwischen privat und öffentlich, andere Zielsetzungen im Leben, ja andere Vorstellungen davon, was ein gelungenes Leben ausmacht. Wir müssen in einer multikulturellen Situation auch mit einer Pluralität von lebensprägenden Weltanschauungen rechnen.

Ich wage die Behauptung, dass eine Gesellschaft nicht die eine, gemeinsame Kultur braucht, um bestehen zu können. Jede Gesellschaft muss aber die Frage klären, wie sichergestellt werden kann, dass kulturell unterschiedliche Gemeinschaften in ihr gut leben und zusammenleben können.[20] Wie viel Gemeinsamkeit es dafür braucht, welche allgemein geltenden Regeln unaufgebbar sind und welche in die Vielfalt hinein freigegeben werden können, ist freilich eine überaus schwer und nicht abstrakt, sondern nur am konkreten Einzelfall zu beantwortende, oder besser: auszuhandelnde Frage. Jedenfalls setzt ein gutes Leben für alle die Bereitschaft voraus, unterschiedliche Kulturen wertzuschätzen, ihnen grundsätzlich Gleichwertigkeit zuzubilligen und so zu gegenseitigem Respekt zu gelangen.[21]

C) *Pluralität der Religionen*

Den Bereich der Religion möchte ich an dieser Stelle nicht übergehen. Ich habe sie unter dem Stichwort Kultur bereits angesprochen. Damit können wir uns aber nicht begnügen. Denn

Kultur und Religion sind keinesfalls gleichzusetzen, auch wenn Religion ein prägendes Element von Kultur sein kann. Gerade die monotheistischen, abrahamitischen Religionen haben sich in verschiedene Kulturen hinein verwoben. Dadurch bleibt Kultur nicht unverändert, was sie war. Religiöse Feste, die den Jahresablauf prägen, Rituale, Bauwerke, die Bildsprache und die Sprache der Musik, ja das Vokabular der Alltagssprache sind ebenso wie bestimmte Wertvorstellungen kultureller Ausdruck von Religion bzw. von religiösen Elementen in einer Kultur. Eine völlige Deckungsgleichheit besteht dennoch nicht.

Religiöse Pluralität ist nicht erst ein Faktum unserer Tage. Immerhin wurde in der österreichischen Gesellschaft mit dem Toleranzpatent von 1781 die Religionsausübung für nichtkatholische Christen ermöglicht und seit 1912 gibt es das Gesetz, das den Islam als Glaubensgemeinschaft anerkennt. Ebenso war – zumindest bis zum Anschluss an das Deutsche Reich – jüdisch-religiöses Leben besonders im Ballungsraum Wien und in den nicht deutschsprachigen Gebieten der Monarchie in Österreich präsent. Dennoch gibt es in diesem Land bis weit ins 20. Jahrhundert hinein eine dominante Religion: das konfessionell katholische Christentum. Dass Religion zum Gegenstand freier Wahl wurde, also nicht mehr Schicksalsgemeinschaft ist, in die man hinein geboren und hinein sozialisiert wird, und die Religionsgemeinschaften damit in der Folge als „Anbieter/innen auf dem ‚Markt' von Lebensbewältigung, Wertevermittlung und Alltagsorientierung"[22] auftreten, ist also ein recht junges Phänomen. Was Charles Taylor als säkulares Zeitalter bezeichnet, ist demzufolge nicht einfach eine Epoche ohne Religion. Tatsächlich mögen religiöser Glaube und Praxis von Individuen – gerade in Europa – rückläufig sein; entscheidender ist aber, dass wir in einer Gesellschaft leben, in der der Glaube an Gott „auch für besonders religiöse Menschen nur *eine* menschliche Möglichkeit neben anderen ist"[23], wie Taylor das ausdrückt. Diese Optionalität liegt also aller Religionenvielfalt voraus. Diese Vielfalt gibt es natürlich, denn wenn religiöser Glaube und Lebensführung als solche eine Option sind, dann sind es deren konkrete Ausprägungen noch viel mehr. Das eigentlich Neue kommt aber darin zum Ausdruck, dass Religion vom unvermeidlichen Bestandteil des Lebens zur Möglichkeit geworden ist. Diese grundlegende Einstellung zu Religion zeigt sich etwa daran, dass die letzten offiziellen Zahlen über die Religionszugehörigkeit in Österreich aus dem Jahr 2001 stammen. Seither wird in Mikrozensuserhebungen nicht mehr nach Religion gefragt, da diese eben als variable Privatangelegenheit eingestuft wird.

Gesetzlich anerkannt sind in Österreich derzeit zehn Kirchen und sechs Religionsgemeinschaften, wobei die Katholische Kirche noch immer die meisten Mitglieder aufzuweisen hat. Die drittgrößte Gruppe stellen inzwischen die Muslime dar, vor den evangelischen Christen. Bereits 2001 war die Gruppe ohne religiöses Bekenntnis die zweitgrößte. Was derzeit Religionen in den westlichen Gesellschaften dennoch wieder zum Thema macht, ist eine soziale Ungleichzeitigkeit. Das eben Beschriebene gilt für die europäischen Gesellschaften *grosso modo*, dennoch gibt es – besonders durch Zuwanderung entstehende – Milieus, in denen das Verständnis von Religion ein ganz anderes ist und das religiöse Commitment sogar stark zunimmt.[24]

Diese Ungleichzeitigkeit erzeugt ein gewisses Konfliktpotential, zumindest aber eine Spannung. Für jene Menschen, denen Religion keine entscheidende Lebensorientierung bietet, ist die Akzeptanz religiöser Vielfalt kein Problem, solange Religion privatisiert und ohne Einfluss auf die Gesellschaftsgestaltung bleibt. Für gläubige Menschen setzt die Akzeptanz von Religionspluralität hingegen zumindest eine minimale Form von Pluralismus voraus, also eine Haltung, die aus ihrem Glauben heraus zu begründen vermag, warum diese Vielfalt zu tolerieren, vielleicht sogar zu begrüßen ist. Die Möglichkeit der Religionspluralität ergibt sich für die einen also gerade aus der (öffentlichen) Bedeutungslosigkeit der Religionen, für die anderen aber kann sie nur aus dem Ernstnehmen ihrer je eigenen religiösen Tradition (auch in gesellschaftlich öffentlichen Zusammenhängen) begründet werden. Ein innerreligiös begründeter Pluralismus, dies ist auch einzugestehen, stellt nun freilich eine Möglichkeit, aber eben doch keine Selbstverständlichkeit dar.

3. Wie begegnen wir gesellschaftlicher Pluralität?

Ich möchte abschließend einige Überlegungen dazu anstellen, wie wir der uns umgebenden Pluralität begegnen können. Als wenig sinnvolle Strategie schließe ich die Leugnung des Faktums von Pluralität aus, meine Ausführungen haben deutlich gemacht, warum. Sich gegen dieses Faktum zu stemmen und alle Energie in die Verringerung gesellschaftlicher Vielfalt zu investieren halte ich ebenso für nicht sinnvoll. Denn einerseits ist fraglich, ob und wie Pluralisierung rückgängig gemacht werden könnte, will man nicht Gewalt anwenden. Andererseits eröffnet diese ein Feld der Freiheit und damit Chancen und Möglichkeitsräume. Nur wäre es naiv, zu meinen, dies würde nicht vor Herausforderungen stellen. Diese Herausforderungen sind individueller und gesellschaftlicher Natur.

Ich habe nicht ganz von ungefähr die drei Felder Lebensform, Kultur und Religion aus dem Spektrum der von Pluralisierungsphänomenen betroffenen Bereiche gewählt. Die Pluralität von Lebensformen stellt jeden und jede von uns ganz persönlich vor die Herausforderung zu wählen, einen Weg zu finden, sich zu orientieren. Kulturelle Pluralität konfrontiert hingegen mit von Gruppen und Gemeinschaften gelebten Lebensentwürfen, die nicht meine sind, und die vielleicht gar nicht in den Horizont meiner Optionen fallen, die für meine Lebenswahl also nicht in Frage kommen. Damit stellen Lebensform- und Kulturpluralität vor unterschiedliche Herausforderungen. Im Bereich der Religion überschneiden sie einander. Option und Tradition, individuelle Entscheidung und die Frage des Miteinanders sind hier nicht sauber voneinander zu trennen.

Auch wenn sie voneinander zu unterscheiden sind: Im Gelingen bzw. Misslingen sind die individuelle und die gesellschaftliche Herausforderung der Pluralität voneinander abhängig. Will heißen: Je orientierungsloser ich selbst vor der Notwendigkeit eigenverantwortlicher Lebensgestaltung stehe, desto hilfloser wird mich die Begegnung mit kulturell oder religiös anderen Konzepten der Lebensgestaltung antreffen. Diese Hilflosigkeit äußert sich dann entweder in einem begeisterten Einschwingen in solche Konzepte; d.h. ich nehme alles an, was mir Orientierung verspricht, ohne darüber viel nachdenken zu wollen. Die Begeisterung mancher mitteleuropäischer Jugendlicher für den Salafismus ist wohl so zu verstehen. Oder aber es kommt zu einer nicht minder hilflosen Ablehnung all dessen, was mir als fremd erscheint und den ohnedies schon breiten Horizont der Optionen ins unerträglich Weite zu spreizen scheint.

Die Fähigkeit zu eigener Orientierung in der Pluralität von Möglichkeiten und die Möglichkeit eines positiven, zwar Position beziehenden, aber doch offenen und toleranten Umgangs mit gesellschaftlicher Vielfalt haben viel miteinander zu tun. Ich möchte dies nochmals im Sinn von Kunderas Sprachmetapher vom Leichten und vom Schweren ausdrücken: Wessen Leben wurzellos ist und den Bodenkontakt verliert, der wird wohl die Leichtigkeit der pluralen Welt fürchten, weil er oder sie Angst hat, darin haltlos verwehen zu müssen. Die Sehnsucht nach der Schwere der Eindeutigkeit wächst dann umso mehr. Wer auf der anderen Seite prägende Weltbilder, Überzeugungen und Traditionen nicht als Halt gebenden Boden, sondern als belastenden Klotz am Bein erfahren hat, wird sich nach einer Leichtigkeit der Pluralität sehnen, die Freiheit verspricht, in der letztlich aber vielleicht auch die Fähigkeit verloren geht, einen Rahmen zu generieren, in dem Vielfalt auf Dauer zu bestehen vermag.

Ich bin davon überzeugt, dass wir ein stabilisierendes Gewicht in Form lebensprägender Überzeugungen brauchen, um zu einer tragfähigen personalen Identität zu finden, die sich in der Pluralität der uns umgebenden Welt sicher bewegen kann. Nur so können wir uns in der schwerelosen Vielfalt zurechtfinden, ohne der Versuchung zu erliegen, die Gesamtgesellschaft zu einem stabilen Monolithen machen zu wollen.

Eine tragfähige personale Identität aber findet niemand von uns für sich allein. Dazu bedarf es begleitender und tragender Gruppen und Gemeinschaften. In pluralen Kontexten sind diese freilich weit unterhalb der Gesamtgesellschaft anzusiedeln. Hier kommen Religionsgemeinschaften ins Spiel. Sie können mit ihren Überzeugungen viel zur Ausbildung eines personalen Gewichts beitragen. Ich weiß schon, dass das heute vielfach anders gesehen wird, weil manche Religion gerade für jenen Ballast halten, der Individuen wie Gesellschaften alle Bewegungsfreiheit zu nehmen droht.

Der Blick in die Ursprungstexte und valenten Linien religiöser Traditionen kann jedoch zeigen, dass diese Traditionen nicht pluralitätsfeindlich sein müssen; im Gegenteil. Für das katholische Christentum hat diese Ursprungsbesinnung das Zweite

Vatikanische Konzil geleistet. Hochachtung und Wertschätzung anderer Traditionen und ihrer Wahrheitsgehalte sowie die aus dieser Wertschätzung erstehende Einladung zu gemeinsamem Gebet und gemeinsamer Arbeit an den drängenden Problemen der Menschheit stellen gerade keine Kapitulation vor äußerem Pluralitätsdruck dar. Vielmehr sind sie die Entdeckung der Pluralitätsfähigkeit der eigenen Tradition und Überzeugung. Auch aus soziologischer Sicht gilt es, solche Ansätze zu würdigen und zu fördern; gilt es, die Gemeinschaften, die sie tragen, zu kultivieren und zu pflegen. Denn was Individuen Selbststand verleiht ohne ausgrenzend zu sein, trägt dazu bei, dass plurale Gesellschaften in Frieden und wechselseitiger Bereicherung unterschiedlicher Lebensstile, Kulturen und Religionen leben können.

Was also soll man wählen, das Schwere oder das Leichte? Ich denke, wir sollten die Leichtigkeit und Freiheit vielfältiger Gesellschaften wählen. Wir sollten aber nicht vergessen, dass dies nur Individuen gelingen kann, die über Orientierungen verfügen, die ihrer eigenen Identität Gewicht geben. Trifft beides zusammen, können wir Pluralität als Vielfalt des Gewichtigen schätzen und brauchen sie nicht als ein Verdampfen aller Bedeutsamkeit fürchten.

ANMERKUNGEN

[1] *Kundera, Milan:* Die unerträgliche Leichtigkeit des Seins. Frankfurt a.M.: Fischer 1997, 9.

[2] *Klose, Alfred; Mantl, Wolfgang; Zsifkowits, Valentin (Hg.):* Katholisches Soziallexikon. Innsbruck; Graz: Tyrolia; Styria 1980, 2159.

[3] *Bauman, Zygmunt:* Flaneure, Spieler und Touristen. Essays zu postmodernen Lebensformen. Hamburg: Hamburger 1997, 172.

⁴ Vgl. *Taylor, Charles:* Modern Social Imaginaries. Durham; London: Duke University Press, 2004, 49-67.

⁵ *Taylor Charles:* Das Unbehagen an der Moderne. Frankfurt a.M.: Suhrkamp,³1997, 8.

⁶ Vgl. *Taylor, Charles:* Modern Social Imaginaries. Durham; London: Duke University Press, 2004, 54.

⁷ *Bauman, Zygmunt:* Flaneure, Spieler und Touristen. Essays zu postmodernen Lebensformen. Hamburg: Hamburger 1997, 175.

⁸ *Bauman, Zygmunt:* Leben in der flüchtigen Moderne. Frankfurt a.M.: Suhrkamp 2007, 197.

⁹ *Beck, Ulrich; Beck-Gernsheim, Elisabeth:* Individualisierung in modernen Gesellschaften – Perspektiven und Kontroversen einer subjektorientierten Soziologie. In: *Dies. (Hg.):* Riskante Freiheiten. Frankfurt a.M.: Suhrkamp, 1994, 10-39, 16.

¹⁰ *Beck, Ulrich:* Das Zeitalter des „eigenen Lebens". Individualisierung als „paradoxe Sozialstruktur" und andere offene Fragen. In: Aus Politik und Zeitgeschichte 29/2001, 3-6, 3.

¹¹ Soll das eine Familie sein? Vater, Mutter, Kind – aber es geht auch anders. Sechs Autoren erzählen von sich und den Ihren. In: Die Zeit, 42/2015, 15. Online: http://www.zeit.de/2015/42/moderne-familien-kinderlosigkeit-regenbogenfamilien-lebensmodelle [15.01.2016]

¹² Die folgenden Zahlen sind entnommen: *Kaindl, Markus; Schipfer, Rudolf Karl:* Familie in Zahlen 2014. Statistische Informationen zu Familien in Österreich. Wien: Österreichisches Institut für Familienforschung. http://www.oif.ac.at/fileadmin/OEIF/FiZ/fiz_2014.pdf [19.11.2015]

¹³ Vgl. *Neuwirth, Norbert (Hg):* Familienformen in Österreich. Stand und Entwicklung von Patchwork- und Ein-Eltern-Familien in der Struktur der Familienformen in Österreich. Forschungsbericht 7/2011. Österreichisches Institut für Familienforschung. Wien, 31. http://www.univie.ac.at/oif/typo3/fileadmin/OEIF/Forschungsbericht/FB7-familienformen.pdf [05.01.2016]

¹⁴ Vgl. ebd. 13.

¹⁵ Eine deutsche Studie über die Pluralisierung von Lebensformen unterscheidet aber 26 verschiedene Lebensformen, die sich aus der unterschiedlichen Kombination der Faktoren Einpersonen- bzw. Mehrpersonenhaushalt, eheliche oder nichteheliche Partnerschaft, Eingenerationen- bzw. Mehrgenerationenhaushalt und Erwerbsverhältnisse (verdient der Mann, die Frau oder beide) ergeben. Dabei sind verschieden- oder gleichgeschlechtliche Partnerschaften gar nicht unterschieden. Nur drei dieser 26 Lebensformen treffen auf mehr als 10% der Bevölkerung zu: kinderlose Ehen, bei denen beide Partner nicht erwerbstätig sind (wir sprechen hier also größtenteils von Pensionistenpaaren), Ehen mit Kindern und einem alleinverdienenden Mann (ein Lebensmodell, das nur in den alten Bundesländern Deutschlands noch so stark ist), Ehen mit Kindern und einer Doppelerwerbstätigkeit. Siehe: *Wagner, Michael; Valdés Cifuentes, Isabel*: Die Pluralisierung der Lebensformen – ein fortlaufender Trend. In: Comparative Population Studies. Jg. 39,1 (2014), 73-98.

¹⁶ Vgl. ebd. 76-78.

¹⁷ Es gehört hier natürlich auch der Zugang zum politischen System (Wahlrecht), zur Verwaltung, den Medien etc. dazu. In all den genannten Bereichen kann viel für strukturelle Integration durch gesetzliche Regelungen getan werden.

¹⁸ *Bukow, Wolf-Dietrich*: Plädoyer für eine Neubestimmung von kulturellen Diskursen innerhalb der postmodernen Entwicklung. In: *Neubert, Stefan; Roth, Hans-Joachim; Yildiz, Erol (Hg.)*: Multikulturalität in der Diskussion. Neuere Beiträge zu einem umstrittenen Konzept. Wiesbaden: Springer, ³2013, 123-147, 127.

¹⁹ *Bochinger, Christoph*: Religionen, Staat und Gesellschaft: Weiterführende Überlegungen. In: *Bochinger, Christoph (Hg.)*: Religionen, Staat und Gesellschaft. Die Schweiz zwischen Säkularisierung und religiöser Vielfalt (Zürich: Verlag Neue Zürcher Zeitung, 2012) 216. Werden Gruppen von Zuwanderern als religiös identifiziert, steigt plötzlich auch die Religionsidentifikation der Ursprungsbevölkerung wieder. „Dieser Prozess scheint weitgehend unabhängig zu sein von einem persönlichen Interesse an traditioneller christlicher Religiosität, etwa an religiöser Erfahrung, an Gottesdienstbesuchen oder individueller Frömmigkeitspraxis, an christlichen Lehren von Sünde und Vergebung usw." (Ebd.)

[20] Vgl. *Bukow, Wolf-Dietrich:* Plädoyer für eine Neubestimmung von kulturellen Diskursen innerhalb der postmodernen Entwicklung. In: *Neubert, Stefan; Roth, Hans-Joachim; Yildiz, Erol (Hg.):* Multikulturalität in der Diskussion. Neuere Beiträge zu einem umstrittenen Konzept. Wiesbaden: Springer, ³2013, 123-147, 140. Die Aussage Bukows, man müsse die Frage nach dem Zusammenhalt einer Gesellschaft folglich unabhängig von der Frage nach der Kultur stellen, scheint freilich überzogen, da damit eine wesentliche Dimension des Menschseins ausgeblendet würde. Jedenfalls sollte sich diese Frage aber nicht auf die Herstellung oder Durchsetzung einer Einheitskultur versteifen. Immer wieder als Vorbild für gelingende Multikulturalität wird Kanada genannt. Siehe dazu: *Geißler, Rainer:* Einheit-in-Verschiedenheit. Die interkulturelle Integration von Migranten – ein humaner Mittelweg zwischen Assimilation und Segregation. In: *Geißler, Rainer:* Berliner Journal für Soziologie 14.3 (2004): 287-298. Als Basis des Zusammenlebens in einer gemeinsamen Gesellschaft werden dort genannt: „… die Kenntnisse und Akzeptanz der Verfassung, der Gesetze und Grundwerte; dazu gehört aber auch der Erwerb wichtiger Kompetenzen, Fähigkeiten und Fertigkeiten, um angemessen und erfolgreich in der Aufnahmegesellschaft agieren zu können. Im Zentrum der elementaren Akkulturation steht der Erwerb der sprachlichen Kompetenzen." (Ebd. 292.) Reichlich unbestimmt bleibt freilich auch hier der Begriff der Grundwerte.

[21] Ebd. 291.

[22] *Beck, Ulrich:* Der eigene Gott. Friedensfähigkeit und Gewaltpotential der Religionen. Frankfurt a.M.: Verlag der Weltreligionen (Suhrkamp) 2012, 154.

[23] *Taylor, Charles:* Ein säkulares Zeitalter. Frankfurt: Suhrkamp 2009, 15.

[24] Vgl. Die Ergebnisse eines nationalen Forschungsprojektes in der Schweiz in: *Bochinger, Christoph:* Religionen, Staat und Gesellschaft: Weiterführende Überlegungen, in: *Bochinger, Christoph (Hg.):* Religionen, Staat und Gesellschaft. Die Schweiz zwischen Säkularisierung und religiöser Vielfalt (Zürich: Verlag Neue Zürcher Zeitung, 2012) 209-241.

Amani Abuzahra

Kulturelle Identität in pluraler Gesellschaft

Sich mit dem Thema der Identität auseinanderzusetzen, stellt eine große Herausforderung dar. Denn es ist ein sehr weites Feld, welches viele verschiedene wissenschaftliche Disziplinen aus diversen Blickwinkeln beleuchtet. Die Frage, was denn nun Eigenes und was Fremdes sei, stellt sich im Kontext der zunehmenden Globalisierung neu. Über Identität zu sprechen, bedeutet auch, viele andere Bereiche zu berühren: Es handelt sich hierbei um eine Querschnittsmaterie. Es lässt sich festhalten, dass Identität als Diskussionsthema omnipräsent ist in der gegenwärtigen Gesellschaftsdebatte. So sprechen einige von einer Krise der Identität; Stimmen mancher Politiker/innen werden laut, die sich „Identitätssicherung" ihrer Wähler/innen zur Aufgabe gemacht haben, indem sie definieren, wer Österreicher/in ist und wer nicht, um vor vermeintlicher „Überfremdung" zu schützen.

Abgesehen davon, dass Identität zu einem beliebten Forschungsfeld diverser Wissenschaftsdisziplinen avanciert ist, handelt es sich hierbei um eine höchst sensible Materie. Denn spricht man über Identität, über das Eigene und das Fremde, so wird es mitunter persönlich. Denn schließlich ist die Rede von Menschen, Individuen, Biografien, die sich verändern. Für Migrationsgesellschaften bedeutet das Veränderungen sowohl für Zugezogene als auch für Ansässige!

Die Landkarte Europas hat sich verändert: auf der kulturellen, religiösen, sprachlichen und der ethnischen Ebene. In dieser Zeit, in der Transformationen immer rasanter vonstatten gehen, tun sich verschiedene Fragen im Zusammenhang des Zusammenlebens auf: Wird Zuwanderung von Menschen als eine Bedrohung oder als eine Bereicherung wahrgenommen? Je nach Beantwortung dieser Frage folgen weitere: Jene, die ihre eigene Identität als bedroht erleben, diskutieren, ob wir zusammenleben wollen; wieder andere, die Migration als eine Bereicherung bezeichnen, stellen sich vielmehr die Frage nach dem *Wie*, nämlich einem Zusammenleben in gegenseitiger Anerkennung und Respekt. Wir stoßen in unserer heutigen Zeit, in alltäglichen Debatten, bei der Rezeption von Medien oder wissenschaftlichen Studien auf Herausforderungen rund um das Thema Migration und Identität, die es zu meistern gilt.

Welchen Herausforderungen gilt es sich zu stellen?

1) Rastlosigkeit

Es ist ein Zeichen unserer Zeit, dass sie (die Zeit) uns fehlt – oder zumindest glauben wir das. Warum dies so ist, und wie man dem entgegenwirken kann, ist ein anderes (interessantes) Thema. Wichtig ist festzuhalten, dass unsere Gesellschaft sich zu einer entwickelt hat, die rastlos ist. Der Politologe Ingolf Ahlers vergleicht unsere Gesellschaft mit einem Antriebssystem – ohne Bremsen. Es gibt kein Innehalten und Nachdenken. Wir sind getrieben. Und durch diese Rastlosigkeit, die fehlende Zeit innezuhalten, fehlen Momente, die man zum Nachdenken braucht.

2) Falsche Informationen

Zum Thema Migration gibt es inzwischen viele informative Studien mit repräsentativen Ergebnissen, jedoch kursieren manche Halbwahrheiten in den Medien und in den Köpfen vieler Menschen. Es dominiert z.B. die Meinung, dass die größte Migrationsbewegung Richtung Europa stattfindet. Dies ist eine Fehlinformation. Denn die meisten Wanderbewegungen finden innerhalb von Afrika statt. Weiters ist es auch so, dass jenes Land, das 2014 die meisten Flüchtlinge aufgenommen hat, die Türkei ist.

Diese Informationen rücken das vieldiskutierte Thema des Eigenen und des Fremden in ein anderes Licht. Die Verbreitung dieser wichtigen Informationen wird unterbewertet, denn zum einen sind dies Argumente gegen fremdenfeindliche Aussagen und zum anderen entemotionalisiert man eine aufgeheizte Debatte über Zuwanderung.

3) Kultur der Angst

Eine weitere Herausforderung ist, dass die Auseinandersetzung mit sensiblen Angelegenheiten stark emotional besetzt ist. Dies erschwert eine sachliche Diskussion. Dominique Moisi schreibt in seinem Buch jedem Kontinent eine Emotion zu. So weist er Europa die Emotion Angst zu. Und in der Tat sprechen Zahlen mancher Studien für seine Schlussfolgerungen. Beispielsweise hat das Linzer Institut für Markt- und Sozialanalysen 2010 in einer Erhebung festgestellt, dass über 54% der Österreicher/innen Angst vor dem Islam haben. Dies ist keine ideale Voraussetzung, sich mit vermeintlich Fremdem auseinanderzusetzen. Denn wie kann man „gesichert" – also seiner selbst sicher – mit dem Fremden, dem Anderen umgehen, sich darauf einlassen, wenn man dabei Angst hat oder sich gar bedroht fühlt?

Diese verschiedenen Herausforderungen prägen unseren Umgang mit Eigenem/Fremden. Identität setzt sich unter anderem zusammen aus Selbst- und Fremdbildern. Wie viel Zeit bleibt, dies kritisch zu hinterfragen? Sich Fragen zu stellen wie: Wer bin ich? In welcher Kultur lebe ich? Ist es eine Kultur der Angst oder empfinde ich es als eine offene Kultur, eine, die zugänglich ist für andere? Heißt sie Fremdes willkommen oder gibt sie sich eher abgeschlossen wie eine Insel?

Diese verschiedenen Zugänge prägen auch unser Bild von Identitäten. Ist Identität eine fixe, sich nicht verändernde oder handelt es sich vielmehr um eine flexible, kontextabhängige?

Mit Fragen nach der Herkunft beispielsweise wird Menschen vermittelt, dass sie nicht hierher (nach Österreich z.B.) gehören, und sie werden im doppelten Sinn fremdbestimmt: zum einen, indem jemand anderer sie definiert und so über sie bestimmt, und zum anderen, dass sie als fremd gekennzeichnet werden. Es kommt zu einer Fremdverortung auf zwei Ebenen. Zum einen ist es eine fremde Person, zum anderen wird man in der Definition und durch das Infragestellen als fremd markiert.

Das Fremde ist konstruiert, so hält die Philosophin Mona Singer fest: *„Fremde kennt man nicht, Fremde erkennt man."* Fremde werden erkennbar gemacht, indem man ein bestimmtes Zeichen zu etwas Fremdem erklärt. Bei dem Gegenüber dieses Gefühl des „Fremd-Seins" hervorzurufen, lässt sich am ehesten durchbrechen, indem man dem Fragenden einen Spiegel vorhält und zurückfragt: *„Woher kommen Sie denn?"* Viele antworten verdutzt: *„Ja eh von da – von Österreich."* Und fragt man genauer nach – bis zum Ort, wo man geboren wurde, spätestens da dämmert es dem Gegenüber, wie intim dieses Fragenstellen sein kann, wie sehr man in der Position des Mächtigen ist (durch das Fragen).

Eine weitere Fremdmarkierung ist in der Bezeichnungspraxis zu finden. So werden viele junge Menschen, deren Eltern oder Großeltern im Ausland geboren sind, als die so genannte „zweite/dritte Generation" bezeichnet. Man zählt also mit, wie lange es in der Familie zurückliegt, dass jemand zuwanderte.

Wenn man über das Eigene und das Fremde spricht im Kontext einer Migrationsgesellschaft, so spielt das Thema des Islam und von Muslim/innen eine große Rolle. Die Geschichte des Islam in Österreich ist eine verkannte Geschichte. Zum einen gibt es eine 800-jährige Präsenz, wie in dem Buch Ostarrichislam nachzulesen ist. So findet man in der Steiermark die Johanneskapelle in Pürgg, die über dem Altar eine Verzierung in kufischer Kalligraphie des Wortes „Allah" (Gott auf arabisch) aufweist. Dies wurde im 12. Jahrhundert dort angefertigt und zeugt von einer Berührung mit der islamischen Kultur in Österreich. Genauso finden wir Spuren in der deutschen Sprache: „hadschen" – ein Begriff aus dem Dialekt für „gehen" – kommt von „Hadsch" – der großen Pilgerfahrt, eine der fünf Säulen des Islam.

Eine jüngere Geschichte des Islam in Österreich stellt die Anerkennung des Islamgesetzes im Jahr 1912 dar. Die Präsenz des Islam hierzulande ist eine ältere und die Präsenz der Muslim/innen durch die Gastarbeiterbewegung in den 60/70er Jahren eine jüngere. Die Anerkennung auf der gesetzlichen Ebene stellt eine sehr gute Basis dar. Jedoch auf der gesellschaftlichen Ebene wird der ambivalente Umgang mit der Anerkennung von Muslim/innen offensichtlich. Es kommt immer wieder zu Diskriminierungen von Muslim/innen.

Folgende Fragen gilt es sich zu stellen:

- Was verstehen wir unter Diversität?

- Wie gehen wir mit Differenzen um? Wie mit Abweichungen von „einer Norm"? Und was ist „die Norm" hierzulande?

- Brauchen wir eine Form der Abgrenzung, um uns selbst zu definieren?

Diversität ist ein Wert der demokratischen Gesellschaft, auf den viele stolz sind. Jedoch stellt sich die Frage, ob es ein bestimmtes Bild von Vielfalt gibt, und ob die Grenzen bei der kopftuchtragenden Frau gezogen werden.

Brauchen wir „den Anderen", um uns zu definieren, früher „die Barbaren" in den Zeiten der Kolonialisierung, vor 1989 die Sowjetunion, danach der Migrant, heute der Muslim? Wenn die Definition der eigenen Identität nicht mehr über den Anderen durch Abgrenzung oder gar Abwertung verläuft, bleibt die Frage:

Wer bin Ich? Wer sind Wir? Und halte ich es aus, wenn ich Anteile des vermeintlich Fremden bzw. des Anderen bei mir wiederfinde? Wie gehe ich damit um, d.h. mit möglichen Widersprüchlichkeiten?
Das Thema der Identität ist ein komplexes. Was braucht es also, um vom Fremden zum Eigenen zu finden?

1. Das Konzept der Hybridität
„Sowohl-als-auch" Identitäten anstatt von „Entweder-oder"

2. Die eigene Stimme (wieder)finden in der Kultur der Stille
Der Schweizer Philosoph Peter Bieri schreibt, dass er sich eine Kultur der Stille wünscht, in der er seine eigene Stimme findet. In der Stille finden wir zu uns und eventuell Antworten auf die Fragen wie: Wer bin ich? Wo finde ich Orientierung in Zeiten von Unsicherheiten? Was brauche ich?

3. Dialog des Lebens auf interkultureller und interreligiöser Ebene
Menschen sollen zueinander finden.

4. Die Kompetenz der kulturellen Ambiguitätstoleranz (Thomas Bauer):
Die Fähigkeit, mit Widersprüchlichkeiten umzugehen – d.h. mit Abweichungen, wenn jemand anders glaubt, lebt, liebt..., sich nicht bedroht fühlen und die Differenz zur Norm werden lassen und damit zur Normalität.

Bezogen auf den Islam in Österreich braucht es neue Zugänge zur gemeinsamen Geschichte, die so zu einer Quelle der österreichisch-islamischen Identität werden können. Der Philosoph Derrida schreibt, dass ein Erinnern an die Vergangenheit nötig ist; und hier meine ich doch, dass neue Erinnerungen zugelassen werden müssen. Weiters schreibt Derrida, dass in der Gegenwart es sich zu verantworten gilt, um für die Zukunft Antworten zu finden. Ich denke, wenn diese Antworten gemeinsam gefunden werden, so blicken wir in eine Zukunft, die uns verbindet und aufzeigt, wie stark Fremdes in Eigenes übergeht und umgekehrt.

Literatur

Abuzahra, Amani (2012): Kulturelle Identität in einer multikulturellen Gesellschaft. Wien: Passagen Verlag.

Beck-Gernsheim, Elisabeth (2007): Wir und die Anderen. Kopftuch, Zwangsheirat und andere Mißverständnisse. Frankfurt am Main: Suhrkamp Verlag.

Bieri, Peter (2011): Wie wollen wir leben? St.Pölten-Salzburg: Residenz Verlag.

Singer, Mona (1997): Fremd.Bestimmung: Zur kulturellen Verortung von Identität. Tübingen: Edition Diskord.

Shakir, Amena / Stanfel, Gernot / Weinberger, Martin M. (2012): Ostarrichislam: Fragmente achthundertjähriger gemeinsamer Geschichte. Wien: Alhamra & New Academic Press.

Ulrike Bechmann

Schwerter zu Pflugscharen (Mi 4,3) oder Pflugscharen zu Schwertern (Joel 4,10)?

Pluralität und Identität in der Bibel

1. Biblische Pluralität bis zur Widersprüchlichkeit

„Die Bibel" sagen wir, und meinen *ein* Buch. Doch eigentlich müsste man sagen: Die biblische Bibliothek. Die Bibel ist eine bewusst zusammengestellte Sammlung von Texten, die in der Kanonisierung im 2. Jh. n.Chr. eine Auswahl durchlief, und als *biblia (gr. Schriftrollen, Bücher),* also als Bibliothek Grundlage für das sich herausbildende Christentum wurde.

Die Bibel ist eine Sammlung von Theologien, ein Diskussionsbuch, das über lange Zeit hinweg hin entstand. Was wir vor uns haben, ist Traditionsliteratur, bei der in langfristigen Zeiträumen immer wieder die unterschiedlichen Lebens- und Geschichtserfahrungen in die Gottesbeziehung hinein zur Sprache gebracht werden. Ihre unterschiedlichen Theologien sind abhängig von der jeweiligen Zeit und der jeweiligen Situation; sie reagieren und antworten auf politische und religiöse Kontexte. Diese Erfahrungen sind Lebenssituationen der Freude, des Erfolgs, der Rettung, der Befreiung, der Erlösung, des Dankes, des Jubels, aber eben auch der Not, der Verzweiflung, der Hoffnungslosigkeit, des Unverständnisses über Krieg, Krankheit, frühzeitigen Tod, Kriegsfolgen, Armut und Hunger.

Diese menschlichen Erfahrungen werden mit dem einen Gott in Verbindung gebracht: in Anklage, Klage und Lobgebet, in Dank- und Fürbittgebet, in prophetisch warnender oder tröstender Sprache und in Erzählungen, die die jeweils gegenwärtigen

Theologien in fiktionalen Geschichten der Vergangenheit und in religiös begründeten Verboten und Geboten ausdrücken. In diesen Antworten spiegeln sich theologisch wie politisch unterschiedlichste, ja gegensätzliche Positionen; teilweise lassen sich aktuelle Auseinandersetzungen direkt nachvollziehen. Diese unterschiedlichen Lebenssituationen generieren aber auch immer neue Antworten, die dann – nebeneinander gestellt und zusammen gelesen – sogar widersprüchlich sein können.

Denn die äußerst komplexe Bibel überliefert Gottes Wort im Menschenwort. Sie bewahrt Texte aus längst vergangener Zeit mit sehr unterschiedlichen geschichtlichen Hintergründen für das kollektive Gedächtnis der Glaubensgemeinschaft. Die heutige Buchform der Bibel verdeckt allerdings das allmähliche Wachstum dieses „heiligen Textes". Doch das kommentierende Fortschreiben der Texte bis zur Endgestalt „Bibel" ließ höchst unterschiedliche Meinungen zu, so dass die Bibel als Diskussionsbuch nicht nur eine Theologie, sondern eben verschiedene Theologien vertritt.

Dass adressatenbezogen verkündet wird, zeigt sich allein an der Tatsache, dass vier verschiedene Evangelien mit ganz unterschiedlichen und sogar widersprüchlichen theologischen Schwerpunkten und Akzenten als kanonisch – also verbindlich – erklärt werden. So unterscheiden sich die paulinische Eschatologie und seine Theologie in den Briefen je nachdem, welche Gemeinden Paulus anspricht.[1] Will man den Einzeltexten auf den Grund gehen, dann müssen historische Hintergründe der Textentstehung rekonstruiert werden. Man kann ihren Zeithintergrund erhellen, um die Entstehung besser zu verstehen. Denn der Abstand durch andere Zeiten und Kulturen macht Bibellesen zu einer interreligiösen und interkulturellen Begegnung – hier nicht in der Gegenwart, sondern mit Menschen der Vergangenheit. Und dies erfordert, wie in der Gegenwart auch, Sorgfalt für das Gegenüber, für den interkulturell und interreligiös fremden Text.

Aber trotz dieser gewachsenen Bibliothek ist die Bibel in gewisser Weise tatsächlich *ein* Buch. Denn die Kanonisierung stellte diese Texte aus unterschiedlichen Kontexten und Zeiten zusammen und damit nebeneinander. Ein solches Zusammenstellen unterschiedlicher Kon-Texte nivelliert und verdeckt ihre zeitliche Abhängigkeit. Als Kanon stehen die Texte flächig auf einer Ebene nebeneinander und bleiben so über alle Zeiten hinweg intertextuell miteinander als Gespräch, als Diskussion oder als Streit bestehen.

Und so gibt es einen doppelten Zugang zu biblischen Texten: den historischen Zugang, der den Einzeltexten gerecht werden will, und den intertextuellen, der die Texte miteinander ins Gespräch und in die Debatte bringt. Beides ist notwendig.

2. Ursachen der Differenz

Bei dieser Entstehungsgeschichte verwundert es nicht, dass biblische Texte aufgrund der unendlich vielen Lebenssituationen je nach Kontext auch die Gottesbeziehung immer neu buchstabieren. Dies führt nicht nur zu unterschiedlichen, sondern sogar zu widersprüchlichen Reden über die Beziehung der Menschen zu Gott und über Gott selbst. Unzählige Bilder, metaphorische Reden, männliche und weibliche Eigenschaften, Epitheta und Erzählungen, die die erfahrenen Eigenschaften und Handlungen Gottes in Geschichten verpacken, bereichern die biblischen Gottesreden. Biblisch von Gott reden heißt: von Gotteserfahrungen im Plural reden; und diese Pluralität führt sogar bis zur Widersprüchlichkeit. Zwei solche widersprüchlichen Pole werden im Folgenden angedeutet.

ULRIKE BECHMANN

Gott: Ausgespannt zwischen Gerechtigkeit und Barmherzigkeit

„Ich erschaffe das Licht und mache das Dunkel, ich bewirke das Heil und erschaffe das Unheil. Ich bin der Herr, der alles vollbringt" (Jes 45,7).[2] Dieser Satz bringt die Spannweite in der Gottesrede auf einen Punkt, die größer nicht sein könnte. Licht und Dunkel umfassen die beiden urzeitlichen Größen, die Schöpfung und das Chaos, das Gott überwältigt, in Schach hält und jeden Tag neu besiegt. Licht und Dunkel stehen für Gut und Böse, für Leben und Tod, für eine heilsame Lebensordnung und das die Welt verschlingende Chaos.[3] *Beides* liegt im Ursprung bei Gott. Und so gehört zu Gott nicht nur die gute Schöpfung (Gen 1), sondern auch unverständliches Leid, weswegen Hiob mit Gott ins Gericht geht.

Das Handeln Gottes an den Menschen pendelt letztlich zwischen den beiden Polen: der Gott der Barmherzigkeit und der Gott der strafenden Gerechtigkeit. Gottes Barmherzigkeit wird immer wieder erfahren und erfleht, viele Klagepsalmen stehen für diese Sehnsucht. Als erste macht die Sklavin Hagar diese Erfahrung: Vertrieben von den Erzeltern Abraham und Sara (Gen 16) erfährt sie in der Wüste, am tiefsten Punkt der Todesnähe, den rettenden Gott. „Der Gott, der nach mir schaut", so benennt Hagar den Brunnen „beer-lachai-roï" nach ihrer Erfahrung mit der Gottheit, die als Gott der Erzeltern zum Gott Israels und schließlich zum einzigen Gott wird.

Eine Befreiungstat der Barmherzigkeit, die Rettung aus Ägypten, steht am Anfang des Dekalogs in Ex 20. Erst dieses vorauslaufende gnädige, also barmherzig-solidarische Entgegenkommen Gottes ermöglicht Israel, die Gebote am Sinai zu halten. Barmherzig ist Gott ohne Zutun oder Leistung der Menschen. Jesu Heilungsgeschichten und Jesu Handeln stehen im Neuen Testament für Hoffnungsgeschichten von Gottes rettender Barmherzigkeit. Der Vater (typologisch für Gott gedeutet) nimmt den heimkehrenden Sohn (Lk 15), der alles verspielte und verlor, mit offenen Armen auf.

Was aber, wenn diese Barmherzigkeit auch jene in Anspruch nehmen, die Unrecht getan haben? Schlüge nicht die Barmherzigkeit in Ungerechtigkeit um, wenn die Israel verfolgenden Ägypter Gottes Barmherzigkeit erflehten, um die Israeliten einzuholen? Wenn die Reichen, die der Prophet Amos der Ausbeutung und Vernichtung der Armen anklagt, Gottes Hilfe erhofften? Wenn Armeen, die ganze Städte und Länder vernichten und Menschen töten, verschleppen und versklaven, wenn also die Täter für ihren Kampf Barmherzigkeit erflehen? Bleiben dann nicht die Opfer für immer ohne Hilfe?

Gerade weil Gott barmherzig ist, soll und muss Gott eingreifen in die Geschichte und den Mächtigen, den Tötenden, den plündernden Heeren in die Arme fallen, die Stadt retten, die Armen befreien, die Hungrigen sättigen. Besonders die apokalyptisch und eschatologisch geprägte Literatur verwendet Bilder der Gewalt, die sich aus der rettenden Gerechtigkeit Gottes notwendigerweise ergibt. Nein: Unrecht und Ungerechtigkeit bleiben nicht ungestraft; Gott wird kommen und endgültig Gerechtigkeit herstellen mit Gewalt! – sagt die Apokalyptik. Die Rede von der Auferweckung der Toten und vom Gericht, die im 2. Jahrhundert v.Chr. zum Durchbruch kommt, zieht diese Hoffnung über den Tod hinaus: Dass nicht mit dem Tod auch alle Ungerechtigkeit besiegelt ist, dass Gott rettet und richtet. Denn ein endgültiger Tod würde zugleich eine Amnestie der Bösen bedeuten.

Was also, wenn man Gewalt nicht ohne Gewalt gegen die Täter beenden kann? Die Offenbarung des Johannes spricht von der Endzeit, der Rettung und dem nahenden Gericht in Bildern des Umsturzes der ungerechten Verhältnisse.[4] Unbeantwortet bleibt die Frage, warum sich Gott so lange zurückhält und das Kreuz stehen lässt: Gott schickt eben keine Heerscharen, um Jesus zu retten, was im Matthäusevangelium zu der Bemerkung führt: Andere hat er gerettet, sich selbst kann er nicht retten. Der König Israels ist er! Steig er doch jetzt vom Kreuz herab, dann glauben wir an ihn. Auf Gott hat er vertraut; soll er ihn doch herausreißen – wenn er ihn will. Er hat ja gesprochen: Ich bin Gottes Sohn (Mt 27,42–43). Einem solch ohnmächtigen Gott ist der Spott vieler gewiss. Gewalt oder Liebe schließen sich unter den Gesetzmäßigkeiten dieser Welt aus. Erst Gottes gewaltige Liebe wird das Ende der menschlichen Gewalt bringen.

Spannung von Liebe vs. Gewalt aus der Hoffnung für Menschen

Diese Spannung zwischen Liebe vs. Gewalt betrifft natürlich auch das menschliche Handeln. Ein Beispiel solcher sich sogar ausschließender Gegensätze findet sich in der prophetischen Literatur. Anfang der 80er Jahre schrieb sich in der DDR die dortige Friedensbewegung ein biblisches Prophetenwort auf ihre Fahnen, das dann auch für die Friedensbewegung in der BRD, insbesondere für die kirchlichen Friedensgruppen, übernommen wurde: „Schwerter zu Pflugscharen".[5] Hintergrund war die massive Aufrüstung des Ost- wie des Westblocks mit Atomwaffen und die Stationierung der Pershing II-Raketen. Das Prophetenwort stammt aus dem Buch Micha: *„Er wird unter großen Völkern richten und viele Heiden zurechtweisen in fernen Landen. Sie werden ihre Schwerter zu Pflugscharen und ihre Spieße zu Sicheln machen. Es wird kein Volk wider das andere das Schwert erheben, und sie werden hinfort nicht mehr lernen, Krieg zu führen"* (Mi 4,3). Fast gleichlautend findet sich der Text in Jes 2,4. Doch offenbar gab es zur Zeit der Entstehung des Prophetenbuchs

Joel ein ganz anderes Bedürfnis, von Gottes Macht zu reden, denn in Joel 4,10 ergeht genau die umgekehrte Aufforderung als Heilszusage: „*Macht aus euren Pflugscharen Schwerter und aus euren Sicheln Spieße! Der Schwache spreche: Ich bin stark!*" (Joel 4,10)[6]

Das sind zwei ganz gegensätzliche Positionen hinsichtlich des Gottesbildes und der Hoffnung auf Rettung, die offensichtlich vom Kontext abhängen. Geht es bei Micha um eine Friedenshoffnung ohne Waffengewalt, hoffen Menschen bei Joel in akuter Bedrängnis auf die Hilfe Gottes, sie hoffen, dass Gottes Arm stark genug ist, die Belagerer zu vertreiben und er so verhindert, dass die Stadt und ihre Menschen schutzlos dem Tod, der Vergewaltigung oder der Verschleppung ausgeliefert werden. Nicht Sieger wollen hier einen weiteren Sieg, sondern Opfer wünschen sich einen Sieg über die Sieger!

3. Widersprüchlichkeiten ...

Am Beispiel des Schmiedens von Schwertern zu Pflugscharen oder ganz anders, nämlich von Pflugscharen zu Schwertern, kommt deutlich heraus, wie auf unterschiedliche Konfliktsituationen – je nach Situation – unterschiedliche Antworten gegeben werden. Stellt man kontextlos Bibelvers neben Bibelvers, dann steht inhaltlich Aussage gegen Aussage, Hoffnung gegen Hoffnung. Diese Dissonanz und Diskrepanz lassen sich einerseits zwar durch eine Rekontextualisierung der Texte erklären, oder man muss sie stehen lassen, vor allem wenn sie jeweils mit vielen weiteren Erzählungen, Gebeten und Texten unterfüttert sind.

Die Pluralität von biblischen Texten bis hin zur Widersprüchlichkeit könnte als Beliebigkeit missverstanden werden.[7] Wie kann man also die Bibel ernstnehmen, ohne sie wörtlich zu nehmen?

Es stellen sich Fragen zur Hermeneutik des Bibellesens, um nicht einfach in einer unübersichtlichen Pluralität stecken zu bleiben.

4. Innerbiblische Hermeneutik

Nun, die Bibel selbst macht es schon vor: Man muss die jeweilige Situation genau analysieren und sich richtig identifizieren – und es braucht eine Option, mit der man an die Texte herangeht. Die innerbiblischen Rückbezüge zeigen dies: Wenn man im babylonischen Exil den Exodus in Erinnerung ruft, dann ist es eine Geschichte, die Mut machen soll für eine hoffnungslose Gegenwart. Oder wenn im Exil die gute Schöpfung wie in Gen 1 beschworen wird, dann schenkt dies Menschen gegen alle Gegenwartserfahrung die Hoffnung, dass letztlich alles in Gottes Hand und gut geschaffen ist. Und sie erfahren gleichzeitig eine kritische Erweiterung ihres Horizonts: Nicht nur Israel, die ganze Welt, alle Menschen, sind von Israels Gott geschaffen. Und alle Menschen sind Gottes Ebenbild, auch die Babylonier, auch die Feinde, auch die Sklaven, auch sie selbst als Sklaven.

Doch bleibt die Frage: Heißt Pluralität der Bibel, dass die Bibel auch als Beleg für Gewalt und Unterdrückung dienen kann? Leider muss man zugeben: Die Kirchengeschichte ist voll von solchen Beispielen. Denn wer Gewalt will, wird in der Bibel Texte finden, die ihn oder sie stützen. Der Bibeltext selbst bewahrt nicht davor. Es gibt zahlreiche Texte, die Gewalt und Unterdrückung legitimieren, Texte, die Sklaverei akzeptieren, Frauen unterdrücken, Rivalen beseitigen, Andere aussondern, das Töten einer eroberten Bevölkerung vorschreiben oder bejubeln – und das alles mit Gottes Hilfe oder gar auf Gottes Befehl hin? Und das teilt sich nicht zwischen dem alten antijudaistischen Vorurteil in Altes Testament und Neues Testament auf: Das Alte Testament stehe für den rächenden, das Neue Testament für den liebenden Gott. Das Problem betrifft auch das Neue Testament. Erinnert sei hier an die Textstellen, deren Antijudaismus eine Legitimation zur Judenverfolgung bot: „Ihr habt den Teufel zum Vater" (Joh 8,44), sagt Jesus zu den Juden; oder an den Philemonbrief mit seiner Sklavinnen- und Sklavenproblematik, dessen Wirkungsgeschichte vielen versklavten Menschen das Leben kostete. Heilige Texte? Schärfer gefragt: heilige und damit verbindliche Aussagen über Gott?[8] Es gibt Siegergeschichten, die nur die Perspektive der Sieger, der Stärkeren im Blick haben. Wie soll man mit „texts of terror", wie Phyllis Trible das nennt, in der Heiligen Schrift umgehen?

Eines ist klar: Da es fast alles in der Bibel gibt, kommt es auf das Lesen an, auf die eigene *Situation* und auf die eigenen *Optionen*. Und folglich gilt: Man muss sich entscheiden. Es ist wichtig, die eigene Situation richtig zu erkennen und man muss entscheiden, mit welchen Optionen man liest. Ich zeige anhand verschiedener Beispiele, wie diese Hermeneutik verhindert, dass ein *anything goes* alles durch die Bibel rechtfertigen kann. Und auch dafür gibt es schon eine Anleitung *in der Bibel* selbst.

5. Welche Situationen und Optionen: Identitätskonkrete Identifikation

Einige Beispiele aus der Bibel zeigen, wie bedeutsam es ist, die *eigene* Situation richtig einzuschätzen und sich über die *eigenen* Optionen klar zu werden – und wie leicht man dabei irregehen kann. Die Begegnung mit biblischen Texten lädt ein, sich zu identifizieren: als Angesprochene, als eine Figur aus einer Erzählung, mit der Perspektive Gottes – je nachdem. In dieser

Identifikation erlebt man im Gegenüber des Textes etwas Konkret-Bedeutsames. Denn in der Begegnung mit einem Bibeltext geht es nicht nur um die Beschreibung seines Sinnes, sondern darum, welche Bedeutung dieser Sinn konkret für die Denk- und Lebensgestaltung hat. Die Unterscheidung von Sinn und Bedeutung ist wichtig: Der Sinn des Textes bleibt auf der Textebene, die Bedeutung ist es, die dieser Sinn in sehr unterschiedlicher Entfaltung jeweils für die Lesenden entwickeln kann. Als Franz von Assisi die Erzählung vom reichen Jüngling, der traurig weggeht, weil er alles verkaufen soll, liest, ändert sich ihr Sinn nicht (Mt 19,16-26). Aber sie bekommt für ihn eine ganz besondere Bedeutung: nämlich dadurch, dass dieser sich mit dem reichen Jüngling identifiziert und eine andere Antwort mit seinem Leben gibt als der reiche Jüngling im Evangelium. Die Bedeutung betrifft nicht nur das Verstehen, sondern auch das Handeln.

Ein weiteres Beispiel stammt aus der Aufstiegsgeschichte des Königs David, der die verheiratete Batseba als Frau nimmt und dafür ihren Mann Urija umkommen lässt. Als der Prophet Nathan David wegen dieses Verbrechens an Batseba und Urija ins Gewissen redet, erzählt er ihm eine Geschichte: Ein reicher Mann will seine Besucher bewirten, er will aber kein Tier aus seiner Herde opfern. Und so nimmt er einem armen Mann sein einziges Lamm weg, das dieser zusammen mit seinen Kindern und mit viel Liebe großgezogen hatte und das für ihn „wie eine Tochter" war (vgl. 2 Sam 12,1-4). David reagiert zornig auf die Geschichte: „Der Mann, der das getan hat, verdient den Tod" (2 Sam 12,5). David begreift zwar den Sinn der Geschichte, nicht aber ihre Bedeutung für ihn. Denn er schätzt seine Situation falsch ein. Er identifiziert sich als Unschuldiger und Armer und droht dem Schuldigen die schlimmste Strafe an. Nathan aber führt David durch einen kurzen, aber scharfen Hinweis zu jener Bedeutung, die diese Geschichte für *ihn* hat: „Du selbst bist der Mann!" (2 Sam 12,7) Nathan übernimmt die praktisch-hermeneutische Aufgabe, damit sich David im Gleichnis richtig identifiziert. Der Sinn des Gleichnisses allein führt noch nicht zur Bedeutung für David, sondern erst der entlarvende Satz: Du bist aufgrund deiner eigenen Tat in der Geschichte derjenige, der...![9]

Um nochmals die Unterscheidung von Sinn und Bedeutung zu unterstreichen: Die exegetische Forschung erschließt beides: die Gleichnisgeschichte und ihren Bedeutungskontext für David. Sie entfaltet in ihrer historisch-kritischen Arbeit die jeweiligen kulturellen und situativen Bezugskontexte der biblischen Texte. Auf dieser Basis war und bleibt es die Aufgabe, nun auch für die Gegenwart jene Bedeutung zu eröffnen, die im Text Nathan für David erschließt. Jeweils heute geht es allerdings um die Situationen und Herausforderungen von Gläubigen in ihren jetzigen sozialen und politischen Verhältnissen. Die gründliche Wahrnehmung der gegenwärtigen Personen, *ihrer* Probleme und Situationen, entspricht der gründlichen Wahrnehmung der Texte und ihrer Kontexte.

So hat auch die Bergpredigt (die Armen, die Verfolgten, die Friedenstäter) innerbiblisch nicht etwa unterschiedslos alle Menschen als Adressaten im Blick, sondern die tatsächlich Armen. Von daher hat die Bergpredigt auch heute Bedeutung für alle, aber nicht für alle die gleiche. Armen gibt sie anderen Zuspruch als Reichen, denen die Umkehrbotschaft gilt. Wer sich als arm oder verfolgt wahrnimmt, aber womöglich in der gegenteiligen Situation ist, begreift vielleicht den Sinn des Textes, hat aber keinen Zugang zu seiner Bedeutung.

Ulrike Bechmann

6. Bibeltexte zwischen Nachahmung und Widerspruch

Für den „Heiligen Text", die Bibel, ist also entscheidend, sich mit dem eigenen Kontext in den biblischen Geschichten richtig zu verorten, sich also situationsanalytisch „richtig" zu identifizieren. Ohne diese Redlichkeit kann sich niemand angemessen zu den Geschichten in Beziehung setzen. Entsprechend wichtig sind die eigenen Optionen. Beides, Situation und Option, bestimmen die Rezeption biblischer Texte – das sind die beiden hermeneutischen Schlüssel. In welcher Situation man liest und mit welcher Absicht, mit welchen Zielen, mit welchen Einstellungen man liest, davon hängt ab, was Bibeltexte an Bedeutung entwickeln können. Man darf nicht alles tun, was David getan hat, auch wenn er eine biblische Autorität ist. Dafür steht die Nathangeschichte.

Die Geschichten der Bibel bieten Erfahrungen der Menschen mit Gott an – im Guten wie im Bösen. Manche dieser Texte beschreiben gewaltvolle Gegenwart: zunächst in ihrer Zeit, doch bis heute sind weder Sklaverei noch Frauenhandel verschwunden. Landraub, Verarmung, Hunger und Vergewaltigung bestimmen das Leben unzähliger Menschen. Die biblischen Geschichten blenden diese offensichtlich bittere Realität nicht aus. Sie erzählen von Gott, von Gewalttätern und von ihren Opfern – aber nicht zur Nachahmung, sondern als Ausgangspunkt des eigenen Erkennens. Strukturell wirtschaftliche Gewalt wird durch die Anklagen des Amos deutlich, erst recht etwa aus der Perspektive des Gleichnisses von den Arbeitern im Weinberg (Mt 20). Gewalttexte, auch Gewalt von Gott, erfahren innerhalb der Bibel Korrektur und Widerspruch, gerade wenn sie ursprünglich durchaus legitimierende Funktion hatten.

Es gibt also nicht nur eine plurale Adressat/innenschaft *in* der Bibel, sondern auch eine plurale Hermeneutik *mit* der Bibel, hinsichtlich dessen, was in der Bibel inhaltlich vertreten wird. Der Offenbarungscharakter der Bibel bedeutet zwar, dass alles in ihr im Horizont der Gottesbeziehung wichtig ist, aber nicht, dass alles in der Form wichtig ist, dass es *nachgeahmt* werden dürfte. So sind die Gewalttexte in der Bibel nicht zur Nachahmung, sondern zur Abschreckung geschrieben, zur Einsicht, wie destruktiv sich der Gottesglaube in den Händen der Menschen auswirken kann. Angesichts ganz anderer Texte, wie etwa der Gottesknechtslieder bei Jesaja und der Passionstexte in den Evangelien, in denen nicht Gewalt ausgeübt, sondern zum Heil der Anderen, auch der Täter, ausgehalten wird, muss man schon immer genau hinschauen, dass diese Texte anzunehmen gleichzeitig nicht eine Annahme von aktiven Gewalttexten vertragen kann, sondern eine entsprechend gegenteilige Hermeneutik provoziert. Man muss sich entscheiden, mit welchen Optionen man auf die Menschen zugeht – und diese Option bestimmt ebenfalls, wie man auf die Bibel zugeht. Wer Gewalt will, wird Gewalt finden. Wer gewaltendämmende Solidarität will, wird sie finden.

Die Kanonisierung kann zwar das Missverständnis fördern, dass die Normativität der Bibel gleichzeitig ein einlineares Verstehen biblischer Texte beinhaltet, nämlich als bedingungslose (weil normative) Zustimmung und Annahme. Doch bedeutet die Entscheidung der normativen Vorgegebenheit von Texten nicht *nur* Annahme und Affirmation. Entscheidend ist, dass es verschiedene Vollzugsweisen der Normativität gibt, nicht nur die der Akzeptanz. Normativität heißt dann, dass die vielfältigen Texte eine Vielfalt an Reaktionsmöglichkeiten herausfordern. Gerade wenn ein Text von der Gewalt Gottes spricht und damit quer zu den eigenen Gottesvorstellungen liegt, wird eine kritische Begegnung notwendig. Kanonisierung meint: Alle biblischen Texte sind unbedingt ernst zu nehmen in dem Sinn, dass man sich mit ihnen auseinandersetzen muss, weil sie Wichtiges und Entscheidendes von den Erfahrungen von Menschen mit Gott beinhalten, auch hoch ambivalente.

Man kann, ja man muss sogar, in dieser Auseinandersetzung eine eigene Position entwickeln. Insofern kann man gar nicht allen Texten immer zustimmen; man würde selbst in unauflösbare Widersprüche stürzen.

Gerade Bibeltexte mit Gewalt- und Ausgrenzungspotential erfordern es, sie nicht nachzuahmen, sondern sie erfordern eine Stellungnahme, die die Diskussion aufnimmt und sich dagegen entscheidet. Das heißt dann nicht, solche Texte wären besser ausgegrenzt und nicht überliefert. Vielmehr hat der Prozess der Kanonisierung diese Texte stehen gelassen, nicht um sie wörtlich zu nehmen, sondern um sie ernst zu nehmen. Um an ihnen die eigene Gewalt zu lernen und herausgefordert zu werden für eine andere Option, für Christ/innen die Option des Kreuzes!

7. Kriterien der inhaltlichen Perspektiven

Pluralität heißt also nicht, dass die biblische Botschaft beliebig sei. Sie ist vielmehr die notwendige Herausforderung, sich über die eigene Haltung und die eigenen Optionen klar zu werden, ein Gegenüber zu haben, in dem diese entdeckt und aufgedeckt werden können und die die Herausforderung zu den je größeren Möglichkeiten bereithalten. Die Pluralität lädt dazu ein und nötigt geradezu, die eigene Identität wie die Identität der Kirche an der Bibel und mit der Bibel durch Stellungnahme immer neu zu finden. Dabei wäre innerhalb der Bibel ernst zu nehmen, dass sie immer wieder einen universalen, entgrenzenden Zug hat.

Die Dynamik der Entgrenzung

Den biblischen Texten wohnt eine Dynamik der Entgrenzung inne, der Ausweitung der Grenzen zwischen Heil und Unheil, Glaube und Unglaube sowie wer in das Gottesverhältnis eingeschlossen wird. Einerseits speichert die Bibel das kulturelle Gedächtnis eines begrenzten und ausgrenzenden Gottesbildes, andererseits speichert sie aber auch die Gegenbewegung und die Dynamik, diese Begrenzungen aufzubrechen. So steht sicher mit Absicht Gen 1 mit der universalen Perspektive auf Menschen und Welt bewusst am Anfang: als hermeneutische Leseinstruktion oder Leselenkung, an der sich die exklusivistischen Texte messen lassen müssen und in deren Horizont ihre Enge und Begrenzung offenbar wird (s.u.). Im Zusammenhang mit der Umkehr Gottes findet sich die Entgrenzung über Israel hinaus im Buch Jona. Am Kreuz betet Jesus auch für die, die seine Botschaft ablehnen und für die, die Schlimmstes tun (vgl. Lk 23,34).

Diese Dynamik der Entgrenzung der Grenzen des Heils zeigt sich im Geschehen um Jesus. *„Ich war hungrig, ihr habt mir zu essen gegeben, ich war im Kerker, und ihr seid zu mir gekommen ... "* Wer das tat, *„wird hingehen in das unendliche Leben, wer nicht, in die unendliche Pein"* (Übersetzung Fridolin Stier). Das Gericht findet unerbittlich statt. Und es bezieht sich auf *alle* Menschen, nicht nur auf Israel. Matthäus beschreibt die Szene als Weltgericht über alle Menschen. Beides gilt: das universale Gericht, aber zugleich gilt das Gebet Jesu für die Verurteilten.[10]

Diese Dynamik der Entgrenzung wird durch eine schöpfungstheologische Hermeneutik gestützt und vorangetrieben. Gen 1 rahmt mit Offb 21–22 den gesamten biblischen Kanon. Beide offenbaren eine schöpfungstheologisch begründete heilsuniversale Perspektive. Alle Menschen sind nach Gottes Bild geschaffen (Gen 1,27), und am Ende werden ein neuer Himmel und eine neue Erde mit Jerusalem als offener Stadt alle Menschen umfassen. Der schöpfungstheologische Ansatz ist die Voraussetzung für eine heilsuniversale Theologie. Keine Unterschiede gibt es bei der Schöpfung nach dem Bild Gottes, keine im Glauben, im Aussehen, im Geschlecht, in der sozialen Situation, in der Herkunft – welche Unterschiede man sich auch immer denken kann. Diese schöpfungstheologisch begründete Entgrenzung lässt sich christologisch einholen, wenn nach Kol 1 Christus der Erstgeborene aller Schöpfung ist und alles in ihm erschaffen wurde (Kol 1,15-20). Diese Entgrenzung des Heils bestimmt also die innerste Identität des Christentums selbst.

Umgang mit der Bibel in Nostra aetate

Welche Konsequenzen lassen sich aus diesen Dynamiken biblischer Gottesrede heute ziehen? Ein Beispiel im Umgang mit fatalen Texten liefert aber nicht nur die Bibel selbst, sondern auch die Gegenwart der Kirche, etwa im Zweiten Vatikanischen Konzil. Die Identität der Kirche – so das Konzil – liegt in der Entgrenzung des Heils, d.h. einer Botschaft, die nicht an den Grenzen der Kirche endet. Ihre wahre Identität besteht *nicht* im Antijudaismus und einer Verfolgung anderer Religionen. Die zwar nicht nur, aber doch oft gewaltbeladene Geschichte der Kirche gegenüber der jüdischen Bevölkerung und die theologischen Wurzeln des christlichen Antijudaismus entwickelten sich angesichts der Shoah zu einer fast untragbaren Bürde. Bemühungen von einigen Persönlichkeiten aus dem Judentum und von engagierten Katholik/innen mündeten bei Papst Johannes XXIII., der schon im ersten Jahr seines Pontifikates die Karfreitagsbitte gegen die „perfiden" Juden ändern hatten lassen, zum ausdrücklichen Wunsch nach einer Erklärung zur Haltung zum

Judentum.¹¹ Daraus wurde eine Erklärung zur Haltung zu den nicht-christlichen Religionen.¹²

Diese nur fünf Kapitel umfassende Erklärung *Nostra aetate* beginnt mit der universal angelegten Schöpfungstheologie (Gen 1). Alle Menschen haben ihr Ziel und ihren Ursprung in Gott (NA 1), und die Religionen sind die Versuche einer Antwort auf diese Suche. Deshalb verwirft die Kirche nichts, was in anderen Religionen wahr und gut ist, was aber nur im Dialog erkannt werden kann.

In *Nostra aetate* ist die entgrenzende Identität mit Hilfe von biblischer Theologie untermauert. Dies geschieht nicht dadurch, dass man sich passende Bibelstellen sucht und sie zitiert. *Nostra aetate* geht vielmehr sozusagen in die Höhle des Löwen und lässt *mit* einem exklusivistischen biblischen Zitat keinen Raum für eine exklusivistische, auch biblisch untermauerte Theologie. Man weicht also nicht aus, denn dann stünde einfach Bibel gegen Bibel, sondern man setzt sich auseinander aus der Erfahrung eigener, jahrhundertelang ausgrenzender Bibellektüre, und dadurch vermittelt *Nostra aetate* eine Art des Bibellesens, aus der heraus Ressourcen für Gewaltfreiheit, Solidarität, die Überwindung sozialer Unterschiede, für Gerechtigkeit und Gastfreundschaft gewonnen werden können (NA 5).

Nostra aetate 2 formuliert: „Mit aufrichtigem Ernst betrachtet sie [die Kirche] jene Handlungs- und Lebensweisen, jene Vorschriften und Lehren, die zwar in manchem von dem abweichen, was sie selber für wahr hält und lehrt, doch nicht selten einen Strahl jener Wahrheit erkennen lassen, die alle Menschen erleuchtet. Unablässig aber verkündet sie und muß sie verkündigen Christus, der ist ‚der Weg, die Wahrheit und das Leben' (Joh 14,6), in dem die Menschen die Fülle des religiösen Lebens finden, in dem Gott alles mit sich versöhnt hat. … Deshalb mahnt sie ihre Söhne, daß sie mit Klugheit und Liebe, durch Gespräch und Zusammenarbeit mit den Bekennern anderer Religionen sowie durch ihr Zeugnis des christlichen Glaubens und Lebens jene geistlichen und sittlichen Güter und auch die sozial-kulturellen Werte, die sich bei ihnen finden, anerkennen, wahren und fördern."

Nostra aetate untermauert seine entgrenzende theologische Identität der Kirche mit der Christologie des Johannesevangeliums und mit einem schöpfungstheologischen Ansatz heilsuniversal: und das ausgerechnet mit *dem* Zitat, das prominent für eine exklusive Heilszusage für Christen und Christinnen steht, nämlich Joh 14,6 „Ich bin der Weg, die Wahrheit und das Leben. Niemand kommt zum Vater außer durch mich."

Was jetzt geschieht, ist: Der zweite Teil des Textes, nämlich „und niemand kommt zum Vater außer durch mich" (Joh 14,6b) fehlt. Stattdessen wird hier eine neue Bedeutung für die Kirche vorgelegt. „Unablässig aber verkündet sie und muss sie verkündigen Christus, der ist ‚der Weg, die Wahrheit und das Leben' (Joh 14,6), *in dem die Menschen die Fülle des religiösen Lebens finden, in dem Gott alles mit sich versöhnt hat.*" Wer immer in Zukunft Johannes 14,6 zitiert, soll durch das Konzil eine neue – oder besser auch alt-christliche Sichtweise – an die Hand bekommen. Die theologische Argumentation kann man nachverfolgen. *Nostra aetate* insistiert mit dem Johannesevangelium darauf, dass Jesus als Logos (Wort Gottes) bei und von Gott ist. Wenn also das Johannesevangelium selbst im Prolog keinen Unterschied zulässt zwischen Jesus und Gott und die Herkunft Jesu aus Gott festhält (Joh 1,1), dann kann Jesus folglich nicht anders heilswirksam sein als Gott selbst. Das Konzil überträgt damit die schöpfungstheologischen Aussagen über das Verhältnis von Gott und Mensch auf Jesus und die Menschen. Da Gott alles mit sich versöhnt hat, gilt das auch für Christus. Jesus trennt also nicht bestimmte Menschen von Gott, sondern versöhnt sie mit Gott. Diese Versöhnung geht aber nicht von den Menschen aus (also auch nicht von der Kirche), sondern von Gott selbst. Die Christologie gewinnt so eine universale Basis. *Das Christusereignis interpretiert das Konzil nun nicht mehr im Streit um die Spaltung, sondern im Licht der Schöpfungstheologie.* Ja, in Christus ist für *alle* Menschen die Fülle ihres *religiösen* (nicht: thematisch christlichen!) Lebens grundgelegt und gesichert, ohne Vereinnahmung, denn ihnen ist diese Qualität bedingungslos gegeben. Entsprechend nimmt *Nostra aetate* auch Röm 9 auf, um diese paulinische Entgrenzung des Heils auf das Judentum hin einzuschreiben in die kirchliche Verkündigung und Überzeugung.

Pluralitätsfähigkeit und Proexistenz gehören also zusammen. Das bekräftigt das Schlusskapitel (NA 5): *Wir können aber Gott, den Vater aller, nicht anrufen, wenn wir irgendwelchen Menschen, die ja nach dem Ebenbild Gottes geschaffen sind, die brüderliche Haltung verweigern. Das Verhalten des Menschen zu Gott dem Vater und sein Verhalten zu den Menschenbrüdern stehen in so engem Zusammenhang, dass die Schrift sagt: „Wer nicht liebt, kennt Gott nicht"* (1 Joh 4,8).

Dass *Nostra aetate* diesen Zusammenhang anhand der johanneischen Theologie ausführt, ist genial. Ich halte diese bibeltheologische Hermeneutik von *Nostra aetate* für wegweisend und für einen nicht nur normativen, sondern auch generativen Anstoß, die Theologie und Kirchen in diese Richtung weiterzutreiben. Dahinter sollte man nicht zurückgehen.

Bedingungen der sozialen Hermeneutik

Es stellt sich am Schluss die Frage, woher denn die „richtigen" Prioritäten im Gottesbild kommen und wer sie durchsetzt.[13] Wer setzt Gnade vor das Gesetz, Gerechtigkeit vor Vergeltung, Versöhnung vor Rache? Mit dieser Frage rückt die Gemeinschaft derer in den hermeneutischen Mittelpunkt, die die Bibel liest, also die Kirche. In welcher Haltung sie die Bibel liest, ist von dem Geist abhängig, den sie nach innen und nach außen lebt. Die Bedeutung, die Einzelne oder kleinere Gruppen aus Bibeltexten „herauslesen", entstammt ihrer eigenen Lebensgestaltung und bewahrheitet sich darin. Welcher Geist die Begegnung mit der Bibel leitet, bestimmt die Auslegung und die Aktualisierung. Dies gilt individuell, dies gilt ebenso für die Praxis einer Gemeinschaft oder Kirche. Und darüber kann es zu entsprechenden politischen Konsequenzen bzw. Auseinandersetzungen kommen.[14]

Als Beispiel sei die Bibelauslegung der südafrikanischen United Reformed Church genannt. Die Buren sahen sich, wie in der Exodusgeschichte, als das erwählte Volk, das nach seinem Kampf gegen Englands Kolonialmacht Freiheit und Land in Südafrika fand. Mit diesem Erwählungsgedanken legitimierte man bis in die achtziger Jahre des letzten Jahrhunderts die Apartheid gegenüber den Schwarzen.[15] Das Interesse der real Herrschenden an der Macht in Verbindung mit der falschen Analyse ihres sozialen Kontextes führte zur göttlich legitimierten Unterdrückung. Solcher Aktualisierung der Exodusgeschichte folgten weder die anderen Kirchen in Südafrika, noch die eigene weltweite Glaubensgemeinschaft. Und die schwarzen Christen und Christinnen fragten sich zu Recht, ob ihr Glaube ihre eigene Unterdrückung fördere – und kamen in ihrer Bibellektüre zu ganz anderen Ergebnissen.

8. „Die Frau von Jericho"

Eine Gegenperspektive gegen Texte der Gewalt kann man sogar in Texten finden, die vordergründig Gewalt feiern. Denn immer wieder schwingt die Opferperspektive mit, manchmal offen, manchmal verborgen. Und so lässt sich aus einer bestimmten Identität der Gewaltlosigkeit heraus Stellung gegen Bibeltexte mit den Bibeltexten nehmen. Ich möchte dies am Beispiel des Josuabuchs zeigen, und zwar an der Eroberung von Jericho.

Jericho hatte zugemacht und war verschlossen vor den Israelitinnen und Israeliten – da gab es kein Heraus und kein Hinein. Adonaj sagte zu Josua: „Sieh hin, ich habe Jericho mitsamt dem König der Stadt und allen tapferen Kriegern in deine Hand gegeben. Schreitet um die Stadt herum, alle Kriegsleute, umwandelt die Stadt einmal; so sollst du es sechs Tage lang machen. Und sieben Priester sollen sieben Schofarot, also Jobel-, Widderhörner, vor dem Schrein hertragen; am siebten Tag umrundet die Stadt sieben Mal, die Priester sollen die Schofarot blasen. Beim langgezogenen Ton des Jobelhorns, wenn ihr die Stimme des Schofar hört, sollen alle Frauen, Männer und Kinder Israels schreien, ein lautes Jubelgeschrei sollen sie ausstoßen – dann fällt die Mauer der Stadt in sich zusammen, alle Menschen des Volkes können jede und jeder für sich geradewegs hinaufsteigen." ... Im Folgenden wird erzählt, dass das Volk Israel die Anweisungen genau befolgte, sechsmal um die Stadt zog und am siebten Tag ebenso und die Mauern fielen ein.

... Da schrie und jubelte das Volk und die Priester bliesen auf den Schofarot. Als das Volk die Stimme des Schofar hörte, schrien und jubelten die Frauen und Männer, Mädchen und Jungen Israels. Sie stießen ein lautes Jubelgeschrei aus – da stürzte die Mauer in sich zusammen und das Volk ging in die Stadt hinauf, jede und jeder geradewegs. So nahmen sie die Stadt ein. Alles, was in der Stadt

war, weihten sie der Vernichtung, Männer wie Frauen, junge wie alte Menschen, auch Rind, Schaf und Esel – alles gehörte dem gefräßigen Schwert. (Josua 6,1-21, Ü: Bibel in gerechter Sprache)

Sie kennen alle die Geschichte, die auch in einem bekannten Gospel besungen wird:

> Joshua fit the battle of Jericho, Jericho, Jericho;
> Joshua fit the battle of Jericho
> And the walls came tumbling down.

(Josua schlug die Schlacht bei Jericho ... und die Mauern fielen ein).

Kinderbibeln bebildern die Geschichte von der Eroberung Jerichos problemlos. Herrlich, dieser siebenmalige Umzug mit Pauken und Posaunen um die Stadt. Kein Schwert schlägt zu, kein Sturmgerät bringt die Mauern ins Wanken. Nur das Vertrauen auf Gottes Wort lässt die schier uneinnehmbaren Stadtmauern einstürzen. Ein Wunder!

Heute weiß man, dass das Buch Josua keine „reale" Geschichte erzählt, sondern eine Botschaft und Hoffnung vermitteln will. Es entstand in großen Teilen erst nach der Eroberung des Landes Israel durch die Babylonier 586 v.Chr. und in der darauffolgenden Exilszeit. In dieser verzweifelten Situation soll Israel Hoffnung schöpfen. Damals verlegte man Hoffnungsgeschichten in die Vergangenheit, weil man dort alles Entscheidende vermutete. Josuas Eroberung hat zwar nur literarisch stattgefunden. Diese „Erfindung" in die Vergangenheit hinein wird aber zur Vision für die Zukunft. Das Volk soll sich an ein Vertrauen „erinnern", dass Gott das Unmögliche schafft und Musikinstrumente die Mauern einstürzen lassen. Wichtig ist, zu welcher Hoffnung die Geschichte ermutigt. Wie oft schenkt die Gegenwart keine Hoffnung, die aus Visionen, Erzählungen und Bildern kommt, die

Schwerter zu Pflugscharen?

noch nicht Wirklichkeit sind, die aber an eine Macht glauben, die undenklich größer ist und „einst" für ihre Verwirklichung einsteht.

In der Erzählung vertraut Israel vor Jericho auf Gott und steht damit auf der Seite Gottes und des Erfolgs. Aber der Erfolg bedeutet vernichtende Gewalt, die von Gott ausgeht! Dieser Mauersprung hat also eine Schattenseite, denn es gibt ein schlimmes Ende für die Eroberten. Sie zahlen den Preis für die Einnahme der Stadt. Nichts und niemand aus Jericho bleibt übrig. Nicht einmal die Tiere!

Doch wurde Jericho – wenn auch nur im Text – nicht zu Recht erobert? Immerhin stellt sich Jericho dem Plan Gottes in den Weg, Israel das gelobte Land zu geben. Dabei sollte man nicht vergessen: Gottes Pläne und Gottes Reden wurden von Menschen aufgeschrieben. Es ist ihre Interpretation. Wenn also das Buch Josua so erzählt, dass Gott dies und das spricht und einen Plan zur Eroberung hat, so bleibt doch tief im Innern offensichtlich eine gewisse Unsicherheit.

Man mag einwenden: Gerade war noch klar, dass es sich nicht um eine reale Geschichte handelt. Das stimmt. Aber auch erfundene Gewalt in Texten ist alles andere als harmlos. Gewaltgeschichten ziehen nicht weniger als Hoffnungsgeschichten in ihren Bann. Oft genug rechtfertigen diese Geschichten Siegergewalt.

Nun haben Anfang und Schluss eines Textes immer eine herausragende Bedeutung. Das Ende ist der Höhepunkt, daraufhin läuft alles hinaus.

Diese Siegergeschichte in Jericho endet mit den Opfern dieser Eroberung. Sie werden nicht verschwiegen. Damit eröffnen sie Raum für die Frage: Ist das wirklich Gottes Wille, dass diese alle vernichtet werden? Wie viele Situationen im Leben stellen Menschen vor die Frage: Wie kann man wirklich wissen, was Gottes Wille ist? Handle ich richtig, handle ich falsch? Größte Vorsicht ist jedenfalls angebracht, wenn jemand in Anspruch nimmt, direkt Gottes Wort zu erfüllen und dabei anderen Menschen schadet oder sie gar tötet. Auch Gewalt im Namen Gottes fällt letztlich auf die Gewalttäter zurück, sie zahlen ebenfalls einen Preis.

Wenn also hier nicht der Triumph, sondern die Opfer des Triumphs die Geschichte beenden, dann eröffnet der Text die Chance, sich der eigenen Gewalt bewusst zu werden. Er macht zum Beispiel eine Frau aus Jericho sichtbar. Was könnte sie sagen, vielleicht kurz vor der Eroberung von Jericho?

Dies ist mein letztes Beispiel und dafür wechsle ich jetzt die Rolle.

„Hallo, ich bin eine junge Frau aus Jericho, ich bin Dir gerade in der Erzählung begegnet. Du gehörst zu Josua? Komm, noch stehen unsere Mauern, ich zeige Dir meine Stadt.

Wir leben hier sehr gut. Unsere Wasserquelle versiegt selbst in heißen Sommern nicht. Schau nur das viele Grün ringsum: Dattelpalmen, Obstbäume, Felder, man nennt uns Palmenstadt, eine Oase mitten in der Wüste. Und wie stark unsere Stadtmauern mit den großen Toren sind! Hier ziehen nicht nur Händler durch, sondern auch Militär, und manche würden gerne unsere reiche Stadt plündern. Da steht unser Tempel. Ist er nicht fabelhaft, so schön ausgestattet. Wir sind unseren Gottheiten sehr dankbar für diesen guten Ort.

Hier wohne ich. Trinke etwas Milch, Du musst durstig sein! Schau, meine Kinder: Meine Älteste ist 12 Jahre. Ist sie nicht eine Schönheit? Und sie ist klug. Ich muss einen guten Mann für sie suchen. Der Jüngste hier ist drei. Er spielt am liebsten mit dem Esel. Und manchmal denken wir, dass der Esel ihn auch am liebsten mag.

Aber die Sonne geht schon unter. Nachts werden die Tore geschlossen, niemand kann herein oder heraus. Schnell, geh zurück zu Josua. Morgen, wenn die Sonne aufgeht und unsere Mauer fällt, werdet ihr die Stadt einnehmen. Josua wird alles nehmen, sein Gott kennt keine Gnade. Morgen, wenn die Mauern fallen, begegnen wir uns wieder – und dann wirst Du mich töten."

Wer solche Gewalt ablehnt, kann „Nein" zu einem solchen Bibeltext sagen. Gewalt in biblischen Erzählungen darf nicht einfach gestrichen oder vermieden werden. Es wäre illusorisch, die eigene Welt als gewaltlos zu beschreiben. Diese Texte provozieren ein Nachdenken, wie diese Gewalt verhindert werden könnte. Denn: Sie nennen die Opfer mit und fordern so zu einer eigenen Stellungnahme, ja zum Widerspruch heraus, wenn Gewalt keine Option ist. Insofern spricht auch die vergangene Gewaltgeschichte von der Gegenwart. Erschrickt man über die Gewalt, dann beginnt das Nachdenken, wie man eigentlich diese Gewalt hätte verhindern können. Den Opfern eine Stimme geben, ihre Perspektive ernstnehmen, das erinnert an die wahren Kosten, wenn man Mauern überwinden will. Und so wäre das Gospel anders zu singen:

Listen to the Women of Jericho, Jericho, Jericho,
Listen to the Women of Jericho,
When the walls are tumbling down.

Anmerkungen

[1] Vgl. exemplarisch zum pastoralen Hintergrund neutestamentlicher Theologie *Marlies Gielen*, Paulus im Gespräch. Themen paulinischer Theologie, Stuttgart 2009; vgl. *dies.*, Die Passionserzählungen in den vier Evangelien: literarische Gestaltung, theologische Schwerpunkte, Stuttgart 2008.

² Vgl. *Ulrich Berges*, Jes 40-48, Freiburg/Basel/Wien 2008, bes. 390–410; *Erik Aurelius*, „Ich bin der Herr, dein Gott". Israel und sein Gott zwischen Katastrophe und Neuanfang, in: *Reinhard G. Kratz/Hermann Spieckermann (Hg.)*, Götterbilder Gottesbilder Weltbilder. Polytheismus und Monotheismus in der Welt der Antike, Bd.1, Tübingen 2006, 325-345; *Martin Leuenberger*, „Ich bin Jhwh und keiner sonst". Der exklusive Monotheismus des Kyros-Orakels Jes 45,1-7, Stuttgart 2010, bes. 54–75; *Norbert Clemens Baumgart*, „JHWH ... erschafft Unheil". Jes 45,7 in seinem unmittelbaren Kontext, in: Biblische Zeitschrift 49 (2005), 202-236; *Walter Gross/Karl-Josef Kuschel*, „Ich schaffe Finsternis und Unheil!" Ist Gott verantwortlich für das Übel?, Mainz 1995.

³ Vgl. *Bernd Janowski/Beate Ego (Hg.)*, Das biblische Weltbild und seine altorientalischen Kontexte. Tübingen 2001, 3–26; *Othmar Keel/ Silvia Schroer*, Schöpfung. Biblische Theologie im Kontext altorientalischer Religionen, Göttingen/Fribourg 2000; *Johannes Schnocks*, Die Schöpfung und das Chaos: ein Blick auf biblische und altorientalische Weltentstehungsmythen, in: Wort und Antwort 45 (2004), 11–15.

⁴ Vgl. *Ottmar Fuchs*, Dass Gott zur Rechenschaft gezogen werde – weil er sich weder gerecht noch barmherzig zeigt? Überlegungen zu einer Eschatologie der Klage, in: *Ruth Scoralick (Hg.)*, Das Drama der Barmherzigkeit Gottes. Studien zur biblischen Gottesrede und ihrer Wirkungsgeschichte in Judentum und Christentum, Stuttgart 2000, 11-32.

⁵ Vgl. *Hans Walter Wolff*, Schwerter zu Pflugscharen – Mißbrauch eines Prophetenwortes? Praktische Fragen und exegetische Klärungen zu Joël 4,9-12, Jes 2,2-5 und Mi 4,1-5, in: Evangelische Theologie 44 (1984), 280–292 als ein Beispiel der damals sehr heftig geführten Kontroverse um die kirchliche Friedensbewegung; vgl. auch *Rainer Kessler*, Micha, Freiburg/Basel/Wien 1999, 188-190.

⁶ In Joel geht es um das Kommen der richtenden Gerechtigkeit Gottes, vgl. *Marie-Theres Wacker*, Gottes Groll, Gottes Güte und Gottes Gerechtigkeit nach dem Joel-Buch, in: *Ruth Scoralick (Hg.)*, Das Drama der Barmherzigkeit Gottes. Studien zur biblischen Gottesrede und ihrer Wirkungsgeschichte in Judentum und Christentum, Stuttgart 2000, 107-124.

[7] Die pluralen biblischen Texte benötigen auch eine plurale Hermeneutik, vgl. *Ottmar Fuchs,* Praktische Hermeneutik der Heiligen Schrift, Stuttgart 2004, 182-189; *Joachim Kügler,* Auf dem Weg zur Pluralitätsfähigkeit? Bibelwissenschaft im Spannungsfeld von Sozialkonstruktivismus, Rezeptionsästhetik und Offenbarungstheologie, in: *Alexius-J. Bucher (Hg.),* Welche Philosophie braucht die Theologie?, Regensburg 2002, 135-160.

[8] Zur Frage des Gottesbildes vgl. *Ulrike Bechmann,* „Ich erschaffe das Licht und mache das Dunkel" (Jes 45,7) – Zentrale Aspekte der Gottesbeziehung in der Bibel, in: *Andreas Renz/Mohammad Gharaibeh/ Anja Middelbeck/Ucar Bülent (Hg.),* „Der stets größere Gott". Gottesvorstellungen in Christentum und Islam, Regensburg 2012, 49-67.

[9] Vgl. dazu *Ottmar Fuchs,* Gotteswort und Predigt. Je dichter am biblischen Text, desto näher am Leben der Menschen – ein homiletisches Prinzip!, in: *Franz-Josef Ortkemper/Florian Schuller (Hg.),* Berufen, das Wort Gottes zu verkündigen. Die Botschaft der Bibel im Leben und in der Sendung der Kirche, Stuttgart 2008, 85-104, 116-118.

[10] Vgl. *Ottmar Fuchs,* Eschatologie unter dem Gesichtspunkt Gerechtigkeit, in: *Christoph Böttigheimer/Ralf Dziewas/Martin Hailer (Hg.),* Was dürfen wir hoffen? Eschatologie in ökumenischer Verantwortung, Leipzig 2014, 149-178.

[11] Mit dem Antijudaismus der Kirche setzt sich insbesondere Nostra Aetate 4 auseinander, vgl. *René Buchholz,* „Im Bewußtsein des Erbes...". Christen und Juden – 40 Jahre nach „Nostra Aetate", in: Lebendiges Zeugnis 60 (2005), 244-260; *Roman Siebenrock,* „... die Juden weder als von Gott verworfen noch als verflucht" darstellen (NA 4). Die Kirche vor den verletzten Menschenrechten religiös andersgläubiger Menschen, in: *Guido Bausenhart (Hg.),* Die Dokumente des Zweiten Vatikanischen Konzils: Theologische Zusammenschau und Perspektiven; Freiburg i. Br. u.a. (= Herders Theologischer Kommentar zum Zweiten Vatikanischen Konzil 5), 2005, 415-423.

[12] Vgl. *Roman Siebenrock,* Theologischer Kommentar zur Erklärung über die Haltung der Kirche zu den nichtchristlichen Religionen Nostra aetate, in: *Peter Hünermann/Jochen Hilberath (Hg.),* Herders Theologischer Kommentar zum Zweiten Vatikanischen Konzil, Bd. 3, Freiburg

u.a. 2005, 591–693; *Ulrike Bechmann*, Die Haltung der Katholischen Kirche zu anderen Religionen. Von der Gemeinsamkeit zur Differenz, in: *Ulrike Bechmann/Peter Ebenbauer/Sabine Maurer (Hg.)*, Religion ist keine Insel. Traditionen und Konzepte interreligiösen Austausches, Graz 2015, 99-114.

[13] Ottmar Fuchs nennt als inhaltliche Kriterien die Umkehrbereitschaft, die Barmherzigkeits- und die Gerechtigkeitsperspektive sowie – von Gott her – die Perspektive des je gnädigeren Gottes, vgl. *Ottmar Fuchs*, Wer darf die jüdischen Klagepsalmen beten?, in: *Stephen Chapman/ Christine Helmer/Christof Ladmesser (Hg.)*, Biblischer Text und theologische Theoriebildung, Neukirchen-Vluyn 2000, 135-161.

[14] *Fuchs*, Praktische Hermeneutik, 458-461.

[15] Vgl. *Ulrich Berner*, Erwählungsglaube und Rassismus – Das Alte Testament und das Entstehen der Apartheids-Ideologie, in: *Joachim Kügler (Hg.)*, Prekäre Zeitgenossenschaft. Mit dem Alten Testament in Konflikten der Zeit, Münster 2006, 134-149.

Hildegund Keul

Verletzlichkeit wagen
Die Inkarnationstheologie des Konzils und die umstrittene Heterogenität in Kirche und Gesellschaft

Eine junge Frau, sehr schön und leise schluchzend, schaut mich mit großen Augen an. Sie ist zutiefst verletzt. So jedenfalls suggeriert es das Wahlplakat der rechtspopulistischen Partei, für die dieses Model wirbt. In großen Lettern erinnern die Worte „Stuttgart – Hamburg – Köln" an die kriminellen Ereignisse der Silvesternacht 2015/16 in deutschen Großstädten, die so heftige Debatten ausgelöst haben. Nun läuft in Rheinland-Pfalz der Wahlkampf für den Landtag. Nicht nur tatsächliche Verwundungen, sondern insbesondere die Angst davor, verwundet zu werden, sind in dieser Wahl ein entscheidender Machtfaktor.

In den Debatten darum, wie viel Heterogenität Kirche und Gesellschaft brauchen, vertragen oder gar lieben, ist es wichtig, diese Macht im Blick zu behalten. Solange Vielfalt als „schön bunt" empfunden wird, sind alle dafür. Äußerst schwierig wird es jedoch, wenn man sich von der Heterogenität, die andere Menschen, Kulturen oder Religionen verkörpern, in der eigenen Verwundbarkeit angetastet fühlt. Man befürchtet, dass die andere Religion die eigene marginalisiert; dass die andere Kultur die eigene zersetzt; dass das andere Frauenbild die eigenen Töchter gefährdet. Der wunde Punkt in den Debatten um Vielfalt ist die Verwundbarkeit.

Schon seit einiger Zeit ist Heterogenität in Europa ein gesellschaftlich umstrittenes Thema. Besonders gut ist das in den Schulen zu sehen, denn hier stellt sich die Frage unausweichlich, wie man mit den Verschiedenheiten der Schülerinnen und Schüler in Wissensstand, körperlichen Fähigkeiten, kulturellem Hintergrund, religiöser Überzeugung umgehen kann. Welche Handlungsstrategien ermöglichen es, Heterogenität für Bildungsprozesse zu nutzen?[1] Die Ankunft einer sehr großen Zahl von Flüchtlingen aus sehr verschiedenen Ländern mit sehr unterschiedlichen Kulturen, Religionen, Politiken verschärft diese Fragestellung und macht sie nicht nur in Schulen, sondern an fast allen Orten öffentlichen Lebens und in vielen Bereichen des privaten Lebens zum Thema. Die Flüchtlingsproblematik zeigt, wie notwendig das Ringen mit der Vielfalt ist. Wie hältst Du's mit der Heterogenität? Das ist eine Gretchenfrage der Gegenwart. Denn Migration ist ein Zeichen unserer Zeit, das Heterogenität potenziert.

1. Kirche im Format des Antimodernismus – Homogenisierungsdruck und die Utopie der Unverwundbarkeit

Aus speziellen Gründen muss sich auch die Kirche mit Heterogenität auseinandersetzen. Die Flüchtlingsproblematik betrifft sie, weil sich die Pastoral mit den ankommenden Menschen verändert, die zum Islam gehören oder andere Lebensformen des Christlichen verkörpern. Aber auch die gesellschaftlichen Prozesse, die in den letzten Jahrzehnten zu einer größeren Pluralität an religiösen Bekenntnissen und spirituellen Praktiken führen, machen diese Auseinandersetzung erforderlich. Wie positioniert sich die Kirche zu gesellschaftlich umstrittenen Themen? Welche unterschiedlichen, sich vielleicht sogar widersprechenden Positionen zu Homosexualität, Wiederheirat nach Scheidung, Rechtsradikalismus toleriert sie intern?

Dabei ist Heterogenität kein prinzipiell neues Thema. Sobald eine Kirche sich als „katholisch" und damit allumfassend begreift, steht ihr Umgang mit Vielfalt auf dem Prüfstand. Eine besondere Situation, die heute noch gravierende Auswirkungen hat, entstand im 19. Jahrhundert. Damals konnte die katholische Kirche den Machtverlust, der ihr bevorstand und der sich dann ja auch ereignete, schon ahnen und versuchte, ihn zu verhindern. Dabei setzte die Kirchenleitung jedoch nicht darauf, dass sie Heterogenität genau zu diesem Zweck nutzen könnte. Vielmehr setzte sie in weiten Bereichen strikt auf Homogenität und war bereit, diese notfalls zu erzwingen.

Kirche und Theologie im Format des Antimodernismus setzen auf Homogenität, die im Singular denkt und agiert. Dies hat den Historiker, Kulturtheoretiker und Schüler der Nouvelle Théologie Michel de Certeau (1925-1986) interessiert, dessen Forschungen an einen bestimmten Diskursort, nämlich an den Schnittstellen von säkularen Verwundbarkeiten und theologischen Sicherungsdiskursen angesiedelt sind. Er schreibt: „Einst stellte eine Kirche einen Boden bereit, das heißt ein fest umrissenes Terrain, innerhalb dessen man die soziale und kulturelle Garantie hatte, dass man auf dem Acker der Wahrheit wohnte."[2]

Der „Acker der Wahrheit" ist bei Certeau eine Metapher für den Diskursraum, der erzeugt wird, indem man Homogenität erzwingt. Man wehrt Heterogenes ab, indem man Abweichendes draußen hält und zugleich nach innen den Homogenisierungsdruck erhöht. Dies fand seinen Höhepunkt 1910 im Antimodernismus-Eid. Die Antwort auf die Frage, wie viel Heterogenität die Kirche verträgt, war einfach: wenig. Wer sich dem Homogenisierungsdruck nicht beugte, wurde ausgegrenzt. Hier zeigt sich eine Tendenz strikt homogener Systeme: Sie reagieren mit Ausschließung, Exklusion. Um die eigene Institution vor Verwundungen zu schützen, verwundet man Andere. So wurden Vertreter der Nouvelle Théologie, eine der innovativsten Strömungen des 20. Jahrhunderts, mit Lehr- und Schreibverbot belegt, z.B. Marie-Dominique Chenu und Yves Congar. Wie tief die Verwundungen sein können, die die Kirche anderen damit zufügt, zeigt ein Brief Congars aus seinem dritten Exil, den er 10.9.1956 an seine Mutter schrieb: Er sei nur noch ein „mort-vivant", ein lebender Toter, nachdem man ihm im Glauben alles genommen und ihn persönlich zerstört habe.

Die Erzeugung von Homogenität funktioniert über Ausschließungen – das erleben wir heute an den Grenzen Europas besonders drastisch. Was tolerieren wir nicht und halten es außen vor? Wo setzen wir Grenzen und lassen Menschen nicht herein? Ausschließungen sind Machtstrategien. Sie sind immer prekär. Und zwar nicht nur für diejenigen, die ausgeschlossen werden, sondern auch für den inneren, „geschützten" Diskursraum. So machte die Homogenisierung, die der Antimodernismus beispielsweise mit einem rigiden Beichtzwang betrieb, die Kirche im 20. Jahrhundert zu einer Art Hochsicherheitstrakt. Seine Mauern und Tore, Waffen und Wächter minimierten die Kommunikation zwischen Innen und Außen. Man bewegte sich theologisch ausschließlich in Fragen, deren Antworten man schon kannte. Die Theologie war wohlbehütet und relativ unverwundbar, denn sie unterband Einflüsse *von außen.* Dies hatte aber zur Folge, dass die Kirche auch ihren Einfluss *nach außen,* in gesellschaftliche, kulturelle und wissenschaftliche Kontexte hinein, verlor. Sie konnte sich nicht mehr in der eigenen Gegenwart verorten und scheiterte an einer Wirklichkeit, die gar nicht daran dachte, sich der propagierten Homogenität zu unterwerfen.

Folglich erzeugte Heterogenes unzählige Risse und Brüche und drang beharrlich in das Innere der Kirche ein. Es destabilisierte den Diskursraum, der eigentlich geschützt werden sollte. Certeau meint: „Die Diener des Wissens haben immer schon befürchtet, daß das Universum von Veränderungen bedroht wird, die ihre

Ideologien und ihre Stellungen erschüttern."³ Keine Institution ist unverwundbar, auch die Kirche nicht. Selbst wenn man noch höhere Mauern und noch dichtere Grenzen und noch schärfere Waffen installiert, so kann gerade das den Zusammenbruch des Systems hervorrufen. Unverwundbarkeit ist keine Realität, die man erzeugen könnte, sondern eine gefährliche Utopie.

Der wunde Punkt in der Vielfaltsproblematik ist die Vulnerabilität, und zwar auch die eigene. Denn sie birgt ein Gewaltpotential, dem man nicht gern in die Augen schaut, da sie eine unerhörte Macht ausübt. Weil man verwundbar ist, will man das Eigene (die Familie, Religion, Kultur ...) schützen und greift zu Sicherungsstrategien. Dabei gerät man in die Versuchung, „Herodes-Strategien" anzuwenden[4]: Um selbst nicht verwundet zu werden, verwundet man andere. Man sichert sich ab, indem man Gewalt zulässt oder selbst ausübt. Diese Gewalt richtet sich zunächst gegen Andere, fällt aber häufig auf die eigenen Füße zurück. Im Antimodernismus waren es die Abgrenzungen und Ausschließungen, die die Positionen der Kirche unglaubwürdig machten und damit zur Destabilisierung des Systems führten.

Ein ähnlicher Mechanismus ist infolge der strikten Migrationsabwehr zu befürchten, wie sie derzeit in Osteuropa betrieben wird. Der ungarische Bischof László Kiss-Rigó unterstützte dabei (im Winter 2015/16) die Position von Politikern, dass ihre Länder keine muslimischen Flüchtlinge aufnehmen, und führte zur Begründung die Bewahrung christlicher Werte ins Feld.[5] Aber wenn man bedrohte Menschen der Lebensgefahr aussetzt, um die christlichen Werte zu sichern, so zerstört man die Nächstenliebe und damit einen Grundpfeiler christlichen Glaubens. Diese vermeintliche Schutzstrategie zerstört das, was sie zu schützen vorgibt.

In der Problematik von Heterogenität zeigt sich ein Spannungsverhältnis von „verwundbar oder abgesichert". Meist denkt man, dass sich diese beiden Pole wie eine Waage verhalten: je verwundbarer, desto unsicherer; je abgesicherter, desto weniger verwundbar. Dies stimmt aber nicht, denn auch Sicherungsmaßnahmen bergen ein Gewaltpotential, das sich gegen das eigentlich zu Schützende richten kann.[6] Sich selbst, die eigene Kultur und die Religion schützen zu wollen, ist legitim, ja sogar lebensnotwendig. Aber man muss das Gewaltpotential beachten, das der Selbstschutz durch Grenzziehung freisetzt. Selbstschutz allein schützt weder die Kirche noch das christliche Abendland. Dass das Christentum hier eine Alternative, ein Drittes zur Dualität von „verwundbar oder abgesichert" eröffnet, zeigt das Zweite Vatikanische Konzil.

2. Auf Erkundung gehen – Heterogenität wagen. Die Inkarnationstheologie des Zweiten Vatikanischen Konzils

Im Format des Antimodernismus setzte die Kirche strikt auf Homogenität. Aber all ihre Ausschließungen konnten nicht verhindern, dass sich in ihrem eigenen Innersten Heterogenes zeigte und unüberhörbar zu Wort meldete. Heterogenität wurde zu einer Realität, die sich nicht länger verschweigen ließ. Sie wurde zu einer treibenden Kraft, die die entscheidende Wende des Zweiten Vatikanischen Konzils herbeiführte. Durch viele Konflikte, Auseinandersetzungen, ja auch Verwundungen hindurch etabliert das Konzil einen neuen Umgang mit Heterogenität. Es setzt nicht mehr strikt auf Homogenität und Ausschließung, sondern es öffnet sich für Heterogenes und ermöglicht Inklusion. So kann es erstmals das anerkennen, was in anderen Religionen „wahr und heilig ist" (Erklärung über die Religionsfreiheit

NA 2). Man respektiert Vielfalt und beginnt sie wertzuschätzen. Die Anerkennung der Religionsfreiheit ist Frucht dieser Veränderung im Umgang mit Heterogenität.

Aber wie kann Heterogenes eine Einheit bilden, ohne dass das Heterogene zerstört wird? Diese Frage ist nicht neu. Vielmehr stand sie schon in den ersten Jahrhunderten der Theologiegeschichte zur Debatte, und zwar in der Christologie. Wie kann Jesus Christus zwei verschiedene Naturen in sich verbinden, also wahrhaft Gott und wahrhaft Mensch zugleich sein, ohne dass weder seine Gottheit noch sein Menschsein zerstört werden? Das Konzil von Chalcedon (451) hat hierzu ein Strukturprinzip entwickelt, das auf Heterogenität generell anwendbar ist. Es sagt, dass beide Naturen, die göttliche und die menschliche, in Jesus Christus „unvermischt und ungetrennt" (DH 302) erkannt werden. Interessanterweise ist dies eine negative Formulierung, darauf weist der Fundamentaltheologe Gregor Hoff hin.[7] Chalcedon kann nicht positiv sagen, wie es funktioniert. Aber es sagt, welche Fehler man zu vermeiden hat: Man darf weder vermischen noch darf man trennen.

In dieser Argumentationslinie begründet das Zweite Vatikanische Konzil seine neue Option für Heterogenität ebenfalls christologisch. Es argumentiert mit der Inkarnation. „Denn er, der Sohn Gottes, hat sich in seiner Fleischwerdung gewissermaßen mit jedem Menschen vereinigt." (GS 22) Gott verbindet, ja vereinigt sich mit allen Menschen, so heterogen sie sind. Seine eigene Menschwerdung setzt ein Zeichen gegen mutwilligen Homogenisierungsdruck und für Öffnung. Statt Abgrenzung macht das Zweite Vatikanum die „Fleischwerdung" zur Grammatik, d.h. zu einer allem theologischen Sprechen zugrunde liegenden Struktur seiner Dogmatik. Gott ist nicht zum Schein, sondern tatsächlich, mit Fleisch und Blut, Mensch geworden. Er geht mitten in die sozialen, kulturellen, politischen und religiösen Gegebenheiten seiner Zeit hinein und stellt sich damit in Jesus Christus den Verwundbarkeiten, denen menschliches Leben ausgesetzt ist. „Mit Menschenhänden hat er gearbeitet, mit menschlichem Geist gedacht, mit einem menschlichen Willen hat er gehandelt, und mit einem menschlichen Herzen geliebt." (GS 22)

Dies hat gravierende Konsequenzen für die Kirche. Sie ist „in einer nicht unbedeutenden Analogie dem Mysterium des fleischgewordenen Wortes ähnlich" (LG 8). Inkarnation ist gerade nicht auf Jesus Christus beschränkt, sondern sie macht den Kern der Berufung der Kirche aus. Weil Gott Mensch geworden ist, ist es Aufgabe der Kirche, sich in den Widersprüchen, Konflikten und Umbrüchen der Gegenwart zu verorten und hier für Humanität einzutreten. Sie geschieht, indem die Kirche die Zeichen der Zeit im Licht des Evangeliums erforscht und ihr pastorales Handeln an den entsprechenden gesellschaftlichen Konfliktlinien entlang erneuert. „Das Evangelium drängt kraft der Menschwerdung ins ‚Hier und Heute'."[8] In der Gegenwart auf Erkundung gehen und sich dem Wagnis der Heterogenität aussetzen – dazu fordert die Inkarnationstheologie des Konzils auf.

Christus folgend, liegt die höchste Berufung des Menschen in der Menschwerdung im Fleisch, und das heißt: in den konkreten Realitäten der eigenen Zeit. Die menschliche Teilhabe an der göttlichen Natur (DV 2) ist daher nichts Außerirdisches, sondern eine inkarnatorische Größe. Sie geschieht in der Berufung zur Menschwerdung im Wagnis der Verwundbarkeit, das der Humanität dient. Inkarnation ist eine Aufgabe, die Hingabe erfordert, weil es um Verantwortung für die Gestaltung der Welt geht. „Und darum können und müssen wir aus derselben menschlichen und göttlichen Berufung ohne Gewalt und ohne Hintergedanken zum Aufbau einer wahrhaft friedlichen Welt zusammenarbeiten." (GS 92) Die Berufung der Kirche vollzieht sich in sozialen Verortungen, politischen Herausforderungen und kulturellen Diskursen.

Es ist kein Zufall, dass die bekannteste Metapher des Konzils seine weit geöffneten Fenster sind. Die Mauern des Hochsicherheitstrakts werden durchbrochen. Aber Öffnungen sind immer auch prekär. Man weiß nicht, was von draußen hereinkommen wird. Fenster, die Heterogenes zulassen, sind ein Wagnis. Denn während geschlossene Diskurse von außen nicht angreifbar sind, macht sich eine Kirche, die sich in der widersprüchlichen, von Verwundungen gezeichneten Gegenwart verortet, angreifbar. Dorothee Sölle hat dies mit der Metapher vom „Fenster der Verwundbarkeit" zur Sprache gebracht.[9] Mit und nach dem Konzil geschieht daher etwas Signifikantes: Im Zeichen heterogener Gegenwart wird der Glaube aus den Feldern der Gewissheit in Ungewissheit geführt, aus einer Position unhinterfragter Stärke in eine Schwäche, aus der Utopie der Unverwundbarkeit ins Wagnis der Verletzlichkeit.

Diesen Prozess hat Michel de Certeau analysiert. Eines seiner Bücher trägt den treffenden Titel „GlaubensSchwachheit". Tatsächlich macht die Kirche heute die Erfahrung, dass Andere auf etwas im eigenen Glauben verweisen, was man selbst noch nicht sagen kann. In der Pastoral erfahren die Verantwortlichen genauso wie (Groß-)Eltern in der Familie, wie die tradierte Glaubenssprache heute gesellschaftlich ins Leere läuft. Dies führt zu einer Verletzung. „So wird, auf tausenderlei Weisen, [...] das Aussagbare unablässig von etwas Unsagbarem verletzt"[10], sagt Certeau. Im Französischen heißt es hier „blessé": Man trägt Blessuren davon und ist so von etwas Fremdem gezeichnet. Die Zeichen der Zeit führen in eine Situation verletzlicher „GlaubensSchwachheit". Bei Certeau kann man lernen, dass diese Erfahrung keine persönliche Unfähigkeit sein muss, sondern eine signifikante Erfahrung der Gegenwart ist.

Gerade die Kirche darf und muss vor dieser Erfahrung nicht zurückschrecken. Denn die Bewegung der Inkarnation, die Fleischwerdung im menschlichen Leben und in den konkreten Herausforderungen der eigenen Zeit, ist immer ein Weg in die Verwundbarkeit hinein. Tomáš Halík, Prager Theologe und ehemals Priester der tschechischen Untergrundkirche, sagt pointiert: „Mein Gott ist der verwundete Gott." Und weiter an die Kirche gerichtet: „‚Zeigt zuerst eure Wunden!' Ich glaube nämlich nicht mehr an ‚unverwundete Religionen'."[11] Inkarnation und Verwundbarkeit sind untrennbar miteinander verbunden. Gott kommt in Jesus Christus zur Welt und wird geboren als winziges, äußerst verletzliches Kind. Er tritt nicht in voller Kampfausstattung auf wie die Göttin Athene, die kraftvoll und wohlgerüstet, kriegsbereit und geradezu unverwundbar dem Kopf des Zeus entspringt. Jesus kommt ohne Rüstung und ohne Waffen. Als Neugeborenes ist er darauf angewiesen, dass Andere ihn mit Lebensmitteln aller Art versorgen und ihm Schutz bieten – nicht nur vor den Unbilden des Wetters, sondern auch vor dem Zugriff wilder Tiere und Menschen. Noch dazu wird Jesus nicht als Königssohn in einem prunkvollen Palast geboren, wie es der Deifizierung wehrhafter Heroen und machtvoller Kaiser in der hellenistischen Welt entsprach. Sondern er wird hinein geboren in die Armseligkeit einer Familie, die ihren Wohnort verlassen hat und keinen Platz in der Herberge findet. Sie muss vor Mord und Totschlag einer skrupellosen Staatsmacht nach Ägypten fliehen. Jesus ist ein Kind mit Migrationshintergrund, das den Gefährdungen des Lebens besonders ausgesetzt ist.

Nicht erst mit dem Kreuz, sondern bereits mit der Geburt geht Jesus in die Verwundbarkeit menschlichen Lebens hinein. Als Gott

Mensch wird, setzt er sich freiwillig der menschlichen Vulnerabilität aus. Dies ist höchst erstaunlich, denn Menschen reagieren häufig ganz anders. Da Verwundungen schmerzlich sind, das Leben schwächen oder gar zerstören, versuchen Menschen, Staaten und Religionen, Verletzungen zu vermeiden. In den heutigen Wissenschaften hat sich seit etwa dreißig Jahren daher ein eigener Diskurs entwickelt, der die Vulnerabilität von Menschen, Städten und Landschaften untersucht und der herausfinden will, mit welchen Schutzstrategien man befürchtete Verwundungen vermeiden kann.[12] Gott aber macht sich in der Inkarnation freiwillig verwundbar. Und alle Menschen, die zur Krippe kommen, tun es Gott gleich: Maria und Josef, die viel riskieren, als sie sich trotz widriger Umstände für dieses Kind entscheiden und sogar mit ihrer Flucht nach Ägypten dem Diktator Herodes widerstehen; die Hirtinnen und Hirten, die den Verlust ihrer Schafe riskieren, als sie mitten in der Nacht zur Krippe eilen; die dahergelaufenen Sterndeuter aus dem Osten, die in der Fremde unterwegs sind und ebenfalls in den Zugriff des Diktators geraten.

Der entscheidende Punkt ist: Diese Menschen werden nicht schwach, weil sie sich verwundbar machen. Vielmehr gewinnen sie eine große Stärke.

Dies wird begreiflich, wenn man eine Unterscheidung im Begriff von „Opfer" einbezieht, über die die deutsche Sprache nicht verfügt, wohl aber die englische:

- Opfer im Sinne von „victim" bedeutet: Man erleidet Gewalt und wird verletzt.

- Opfer im Sinn von „sacrifice" bedeutet: Um eines höheren Zieles willen gibt man etwas freiwillig her und riskiert die eigene Verwundbarkeit.

Victim zu sein, schwächt den Menschen; ein Sacrifice zu geben, stärkt das Leben. Die Schwierigkeit besteht darin, dass jedes Sacrifice einen Victim-Gehalt hat oder sogar zur Victimisierung der eigenen Person führen kann. Daher stellt sich die Frage, ob das Ziel, das man mit dem Sacrifice verfolgt, das Opfer wert ist. Dies ist auch bei Jesus Christus so, der den mit der Geburt begonnenen Weg unbeirrt weitergeht, als er später in die Öffentlichkeit tritt, sich im Namen des Reiches Gottes für Gerechtigkeit ausspricht und sich damit angreifbar macht. Und es bedarf einer großen inneren Stärke, nicht auszuweichen, wenn man den Tod aus religionspolitischen Gründen vor sich sieht und dennoch den Weg zum Kreuz, dem „worst case" der Inkarnation, zu gehen bereit ist. Aber es ist eine ganz andere Stärke, die gerade nicht mit Rüstungen und Waffen auftritt, sondern die aus dem Wagnis der Verwundbarkeit erwächst.

3. Human leben – der Andersmacht aus Verletzlichkeit trauen

Inkarnation zeigt sich als gewagte Hingabe, die sich in der Verletzlichkeit menschlichen Lebens vollzieht. So stellt sich die Frage, ob dieser Weg der Inkarnation auch für den Glauben gilt, der heute aus der Utopie der Unverwundbarkeit ins Wagnis der Verletzlichkeit geführt wird. Ist es etwas Schlechtes, wenn der Glaube Schwächen zeigt? Oder liegt gerade hierin eine Chance, neue Stärken zu entwickeln? Auch der Apostel Paulus fühlte sich als gläubiger Mensch offensichtlich schwach und sehr verletzt. Denn er klagte vor Gott über den berühmten „Stachel im Fleisch", offensichtlich eine Verletzung. Die Antwort Gottes lautet: „Lass dir an meiner Gnade genügen; denn meine Kraft ist in den Schwachen mächtig." (2 Kor 12,9) Mit diesen Worten entdeckt Paulus jene Macht, aus der das Christentum lebt und die ganz anders funktioniert als die Übermacht von Waffen. Nach Paulus lässt sich diese „Andersmacht", die aus dem Wagnis der Verletzlichkeit wächst, nicht produzieren, aber sie kann als Gnade empfangen werden.

„Eine Schwäche für jemanden haben", „avoir un faible pour quelqu'un", das sagt man, wenn man eine besondere Zuneigung zu jemandem hat, oder mehr noch, wenn man einen Menschen liebt. Liebe ohne Verletzlichkeit ist unmöglich. Denn sie bedeutet, dass man offen ist, nicht durch Mauern und Stacheldraht abgegrenzt, sondern berührbar, bereit zum Austausch, zur Kommunikation – „Öffnung und Verletzung zugleich", nennt dies Certeau[13]. Nirgendwo macht man sich so verletzlich wie in der Liebe. Wenn man liebt, baut man Barrieren ab, man öffnet sich und steht nackt und damit besonders verletzlich voreinander da. Aber die Liebe, die sich hier ereignet, ist etwas zutiefst Humanes. „Liebe bedeutet nämlich, sich bis zum Leiden verletzlich zu machen, sich um andere zu kümmern, so dass man sich in einer realen, wechselseitigen Relation befindet – alle Risiken eingeschlossen."[14] Liebe bedeutet ein großes Risiko. Aber sie ist eine Schwäche, die Menschen stärkt.

Dieser Zusammenhang wirft ein neues Licht auf die Inkarnation. Eine der großen Fragen christlicher Theologiegeschichte lautet: Warum ist Gott Mensch geworden? Aus der Perspektive der Vulnerabilität lautet die Antwort: Weil Gott eine Schwäche für die Menschen hat, besonders für die Armen und Bedrängten aller Art – für die Menschen mit ihren Freuden und Hoffnungen, Sorgen und Ängsten, Kompetenzen und Charismen. Gott hat eine Schwäche für die Menschen in ihrer Vielfalt. Diese Schwäche Gottes ist die größte Stärke der Menschheit. Denn sie führt zur Inkarnation: Gott wird Mensch. Dieses Gründungsgeschehen des Christentums feiert die Kirche zu Weihnachten in besonderer Weise. Denn Gott schafft nicht nur eine äußerst heterogene, verwundbare Welt – und überlässt sie dann sich selbst. Sondern Jesus Christus geht freiwillig an diesen Ort voll Unsicherheit und Gefahr. Er macht sich verwundbar – bis in den Tod am Kreuz. Dieses Wagnis Gottes aber eröffnet der Menschheit ihr Heil, weil es ein Akt der Humanität, ein Akt der Liebe ist.

Dieser Spur folgend ist die Kirche heute herausgefordert, aus Liebe zu den Menschen für das verletzliche Leben einzustehen, und zwar gerade dort, wo es bedroht ist wie an den umstrittenen Grenzen Europas. Indem sie selbst einen anderen Umgang mit Verwundbarkeit praktiziert, kann sie der Gesellschaft einen anderen Umgang mit Heterogenität eröffnen. Die Migrationsdebatten zeigen, wie dringend die Gesellschaft den Glauben daran braucht, dass das Wagnis der Verwundbarkeit nicht automatisch zu einer Schwächung führt. Wenn eine Gesellschaft ihre Grenzen öffnet und Menschen einlässt, die in Krieg und Terror verletzt wurden, so geht sie damit ein großes Risiko ein. Sie weiß nicht genau, welche Menschen, Ideen, Pläne und Handlungsstrategien mit den Flüchtlingen hereinkommen. Sie weiß nicht, wie sich die Gesellschaft aufgrund der Einwanderung verändern wird. Mit Grenzöffnung macht sich eine Gesellschaft verletzlich. Es hilft nichts, so zu tun, als ob es das Risiko gar nicht gäbe – das hat nicht zuletzt die Debatte zur Silvesternacht 2015/16 in Köln gezeigt. Aber die Frage ist, ob es sich um der Humanität willen lohnt, dieses Risiko einzugehen.

Tatsächlich ist Verwundbarkeit der heikle Punkt in den gesellschaftlichen Auseinandersetzungen um Migration und Vielfalt. Wegen der eigenen Verwundbarkeit wird der Ruf nach Sicherheit in den aktuellen Migrationsdebatten lauter, die Grenzziehungen verschärfen sich. Politische Gruppierungen schüren die Angst vor Verwundung und wollen so die menschliche Verwundbarkeit für ihre politischen Strategien ausnutzen. Sie sagen: Wer sich verwundbar macht, hat schon verloren. Es ist Aufgabe der Kirche, dieser Aussage zu widersprechen und sich gesellschaftlich für jene Andersmacht stark zu machen, die aus dem Wagnis der Verwundbarkeit wächst. Diese andere Macht zeigt sich bei den Menschen, die sich für Flüchtlinge engagieren, und bei jenen Flüchtlingen, die voller Tatendrang ihre Victimisierung überwinden wollen, indem sie ihre Kompetenzen und Charismen in das Land ihrer Ankunft einbringen.[15] Für die heutige Gesellschaft, die dermaßen von Flucht und Migration herausgefordert wird, ist es entscheidend, ob sie daran glaubt und darauf setzt, dass aus dem Wagnis der Verwundbarkeit eine eigene, überraschende Stärke wachsen kann. Hier braucht Europa die Unterstützung durch ein Christentum, das selbst an diese Andersmacht glaubt, die nicht auf Grenzen und Waffen setzt, sondern sich der Geistkraft Gottes anvertraut – jener Geistkraft, die die Finsternis des Lebens erhellt, die Schluchzenden tröstet, den Verwundeten das Wunder der Wandlung zuspricht.

Selbstverständlich müssen Menschen sich selbst und ihre Gemeinschaften (Familie, Religion, Staat, Kultur) vor Verwundungen schützen. Niemand will verletzt werden und Schmerzen erleiden. Aber die Inkarnation zeigt, dass Selbstschutz *allein* nicht genügt, um ein humanes Leben zu führen. Vielmehr steht man immer vor einer Doppelfrage, sobald man in der Heterogenität der Gegenwart mit Verwundbarkeit konfrontiert wird – persönlich oder kirchlich, gesellschaftlich oder politisch:

- Wo ist es notwendig, sich selbst und das Eigene vor Verwundung zu schützen?

- Wo ist es notwendig, im Sinne der Inkarnation die eigene Verletzlichkeit zu wagen und ein Sacrifice zu geben?

Die erste Frage wird häufig gestellt, auch von Versicherungen, politischen Parteien und leider von lautstarken Demonstrationen. Die zweite Frage bringt das Christentum ein. Es macht darauf aufmerksam, dass Sicherungsstrategien allein Europa nicht sicher machen. Wer nur das Ziel verfolgt, sich selbst zu schützen, braucht immer höhere Mauern, immer mächtigere Grenzanlagen und immer schärfere Waffen – und trägt so dazu bei, dass eine Spirale der Gewalt entsteht, die alle bedroht. Um dem entgegen zu wirken, richtet die Inkarnation die Aufmerksamkeit auf die Opfer der Anderen, die die eigenen Sicherungsstrategien erzeugen. Europa braucht eine ernsthafte Auseinandersetzung darüber, wo Schutz notwendig ist und wie dieser Schutz gelingen kann; es braucht aber auch eine Auseinandersetzung darüber, wo Gesellschaften aus Gründen der Humanität bereit sind, ihre Verwundbarkeit zu riskieren. Wo dies nicht geschieht, entsteht eine gnadenlose Gesellschaft, ein gnadenloses Europa. Die Verwundbarkeit des Lebens erfordert Menschen und Gemeinschaften, die sich in der Liebe verletzlich machen. Kirche im Zeichen der Gegenwart kann hier nicht außen vor bleiben und sich auf jene Felder des Wissens zurückziehen, wo sie der Wahrheit immer schon gewiss war; sie kann nicht mehr „auf dem Acker der Wahrheit wohnen". Sie geht in Diskursfelder der Ungewissheit, wo sich drängende Fragen stellen, aber noch keine bewährten Antworten gefunden sind. Dieser Weg im Zeichen der Zeit ist unausweichlich – zum Beispiel, weil wir in der Pastoral vor der Frage stehen, wie wir Weihnachten feiern wollen, exklusiv oder religionsverbindend.

Die Inkarnation macht deutlich, dass Gott eine Schwäche für die Menschen hat. Dasselbe kann man heute von der Kirche erwarten. Sie hat eine Schwäche für das Eigene – für ihre Dogmen, Traditionen, Rituale. Aber genauso notwendig braucht sie eine

Leidenschaft für die Menschen, die hier und heute leben, Menschen anderer Religion, anderer Kultur, anderer Herkunft – so heterogen sie sind. Um den Schatz der eigenen Tradition als Schatz der Gegenwart fruchtbar zu machen, braucht es die Öffnung für das Heterogene. Nur wenn die Kirche selbst den Weg der Verletzlichkeit geht und Heterogenität wagt, kann der Glaube in der Gegenwart eine neue Stärke entwickeln. Und dann besteht die Hoffnung, dass auch heutige Menschen und Gesellschaften den christlichen Glauben neu für sich entdecken.

Anmerkungen

[1] Aus der kaum noch überschaubaren Literatur sei exemplarisch auf zwei Publikationen verwiesen: *Rebel, Karlheinz* 2011: Heterogenität als Chance nutzen lernen. Bad Heilbrunn: Klinkhardt; *Sturm, Tanja* 2013: Lehrbuch Heterogenität in der Schule. München: Reinhardt UTB. – Auch bei der Inklusion von Kindern mit Behinderung ist Heterogenität ein Thema; vgl. hierzu *Erbring, Saskia* 2014: Inklusion ressourcenorientiert umsetzen. Heidelberg: Carl Auer.

[2] *Certeau, Michel de* 2009: GlaubensSchwachheit. Stuttgart: Kohlhammer (ReligionsKulturen 2), 245. Im französischen Original: „Autrefois une Église organisait un sol, c'est-à-dire une terre constituée: à son intérieur, on avait la garantie sociale et culturelle d'habiter le champ de la vérité." *Certeau, Michel de* 1987: La faiblesse de croire. Edition du Seuil, 307. – Der raumphilosophische Blick auf Certeau, den Manfred Zmy liefert (*Zmy, Manfred* 2014: Orte des Eigenen – Räume des Anderen. Zugänge zum Werk von Michel de Certeau aus raumphilosophischer Perspektive. Göttingen: Cuvillier), unterschätzt die Bedeutung von Verwundbarkeiten, die sich bei Certeaus berühmtestem Text – dem Blick vom World-Trade-Center auf New York (Kunst des Handelns 179-208) – als urbane Verwundbarkeit einschreibt.

[3] *Certeau, Michel de* 1988: Kunst des Handelns. Berlin: Merve, 186.

⁴ Vgl. *Keul, Hildegund* 2013: Weihnachten – das Wagnis der Verwundbarkeit. Ostfildern: Patmos, 19-25.

⁵ Vgl. *Máté-Tóth, András* 2015: Ungarn angesichts der Flüchtlinge – Testfall für die Demokratie. In: Herder Korrespondenz 11 / 2015, 601-603.

⁶ Als im März 2015 der Copilot des Germanwings-Fluges 9525 sein Flugzeug mit 150 Menschen zum Absturz brachte, verhinderten die Sicherungsmaßnahmen, die das Cockpit abschirmten, dass der Pilot die Tat verhindern konnte.

⁷ Vgl. *Hoff, Gregor* 1995: Chalkedon im Paradigma Negativer Theologie. Zur aporetischen Wahrnehmung der chalkedonensischen Christologie, in: ThPh 70 (1995) 355-372.

⁸ *Rieger, Michael* 1993: Inkarnation. Christliches Heilsverständnis im Kontext französischsprachiger Theologie der Menschwerdung, Frankfurt a. M., 149. – Auch der Pastoraltheologe Rainer Bucher geht der „Theologie im Risiko der Gegenwart" nach und spricht sich für eine „kenotische Existenz der Pastoraltheologie" aus (*Bucher, Rainer* 2010: Theologie im Risiko der Gegenwart. Studien zur kenotischen Existenz der Pastoraltheologie zwischen Universität, Kirche und Gesellschaft. Stuttgart: Kohlhammer). Auch hier ist allerdings nicht die Verwundbarkeit, sondern „der Bruch" die Leitmetapher (17-22).

⁹ *Sölle, Dorothee* 1987: Das Fenster der Verwundbarkeit. Theologisch-politische Texte. Stuttgart: Kreuz.

¹⁰ *Certeau, Michel de* 2010: Mystische Fabel. 16. bis 17. Jahrhundert. Berlin: Suhrkamp, 123. Französisch: „l'énonçable continue d'être blessé par un indicible".

¹¹ *Halík, Tomáš* 2013: Berühre die Wunden. Über Leid, Vertrauen und die Kunst der Verwandlung. Freiburg: Herder, 15 und 13.

¹² Nähere Informationen sind zu finden auf www.verwundbarkeiten.de.

¹³ *Certeau:* GlaubensSchwachheit, 29.

¹⁴ *Placher, William C.* 1998: Die Verwundbarkeit Gottes. In: *Welker, Michael; Willis, David:* Zur Zukunft der Reformierten Theologie. Aufgaben – Themen – Traditionen. Neukirchen: Neukirchener Verlag, 239-253, hier 240.

¹⁵ Der Journalist und Migrationsforscher Doug Saunders nennt den Ort, wo viele Migrantinnen und Migranten eintreffen und sich einen neuen Lebensort aufbauen wollen, „Arrival City" (*Saunders, Doug* 2011: Arrival City. München: Karl Blessing). Ob diese Städte zu gewaltträchtigen Elendsvierteln werden oder zukunftsträchtige Orte, wo Menschen neu ins Leben starten, hängt auch davon ab, ob die Kernstädte bereit sind, Brücken zu bauen in Form von Wasserleitungen, Stromversorgung, Straßenbau. – Die Metapher von der Ankunftsstadt ist auch auf die Kirche übertragbar; vgl. hierzu *Keul, Hildegund* 2014: Auferstehung als Lebenskunst. Was das Christentum auszeichnet, 216-225.

Franz Hirschmugl

Was Kirche von Marke lernen kann

(Zusammenfassung und Bearbeitung auf der Basis eines Interviews vom 13.10.2015 und des Vortrags vom 8.1.2016)

Frage: *Wo beginnen Sie, wenn Sie von einem Unternehmen angefragt werden?*

Wir haben in meinem Institut einen Basislieblingssatz, der heißt: *Wer in der Erbsensuppe schwimmt, glaubt, die Welt ist grün.*
Viele Firmen, Unternehmen oder Institutionen sind so mit sich beschäftigt, so von ihren Aufgaben und ihren bisherigen Aktivitäten ausgefüllt, dass dies für sie wie die ganze Welt aussieht. Sie sehen nicht mehr über ihre momentane Situation, über ihr momentanes Wirkungsfeld hinaus – und sie merken, dass hier irgendetwas ungenügend ist.
Dann ist es unsere erste Aufgabe zu helfen, den Horizont der Wahrnehmung zu erweitern und neue Blickwinkel anzubieten, vor allem jene von potenziellen Kunden. So kommt es zu einer ersten Erkenntnis: Es könnte sein, dass so wie wir die Welt sehen, die Welt gar nicht ist. Sondern man könnte die Welt auch anders sehen ... und vielleicht sehen sie sogar unsere Kunden anders.
In einem zweiten Schritt denken wir dann intensiv darüber nach, wie diese Welt in den Augen der Kunden aussieht und welche Konsequenzen sich daraus ergeben.
Anschließend kommunizieren wir das den Firmen, die uns angefragt haben.

Frage: *Und dann entwickeln Sie entsprechende Strategien zur Lösung des Problems, wegen dem man sich an Sie gewandt hat?*

So geht das eigentlich gar nicht. Denn: Jene, die uns anfragen, sind in Wirklichkeit Teil des Problems.

Wenn jemand kommt und sagt: *Wir haben ein Problem. Können Sie das lösen?* – So muss ich antworten: *Wenn Sie nicht mitmachen, kann ich gar nichts lösen. Sie müssen sich ändern. Ich kann Ihnen nur zeigen, in welche Richtung die Änderung gehen könnte. Aber ändern müssen Sie sich.*

Das ist die große Herausforderung. Aber schließlich waren es jene, die uns nun um Rat fragen, die diese Marke, ihre Firma, ihre Identität dorthin geführt haben, wo sie gerade stehen. Und wenn diese sich nicht ändern, kann man noch so viel machen: Die Situation würde sehr bald wieder die gleiche sein wie jetzt.

FRAGE: *Was ist die wichtigste Frage für Unternehmen?*

Die wichtigste Frage für Unternehmen, für Marken, ist heute: Wie erreiche ich die Aufmerksamkeit meiner Kunden?

Es genügt nicht, Dinge zu platzieren, sondern: Sie müssen Aufmerksamkeit gewinnen.

In jedem Supermarkt gibt es viele, viele Produkte. Alles ist da. Der Mensch von heute hat aber keine Zeit, alles ausführlich zu studieren. Er muss eine Auswahl treffen, und zwar innerhalb kürzester Zeit.

Das ist übrigens ein einschneidender Paradigmenwechsel in unserer Gesellschaft. Die Menschen haben immer weniger Zeit – und daher immer weniger bis gar keine Aufmerksamkeit für etwas Neues oder etwas Anderes als das bisher Gewohnte.

Wer also heute über Marke, Identität und Kommunikation redet, muss sich vergegenwärtigen, dass wir alle – fast – keine Aufmerksamkeit übrig haben.

Das betrifft auch unser heutiges Gespräch: Während wir miteinander reden, geben unglaublich viele Institutionen und Unternehmen Geld aus, um uns zu überreden, irgendetwas zu kaufen, eine Reise zu buchen, für etwas zu spenden usw. Aber wir haben dafür keinen Augenblick Aufmerksamkeit, weil wir hier miteinander reden.

In diesem Zusammenhang gibt es eine weit verbreitete Selbsttäuschung von Unternehmen, von Organisationen: *Alles, was wir gesagt haben, ist auf der anderen Seite – beim Kunden – schon angekommen.* Das ist ein großes Missverständnis! Denn unsere Worte sind wie irgendein Produkt im Supermarkt. Es ist zwar da, unsere Worte sind zwar ausgesprochen, aber das bedeutet noch lange nicht, dass ihnen Aufmerksamkeit geschenkt wird.

Das dürfen wir nicht übersehen, wenn wir mit Menschen kommunizieren. Unsere Worte treffen immer auf einen Menschen, der schon viele Vorentscheidungen getroffen hat, der von vielen Erfahrungen geprägt ist, dessen Unterbewusstsein ihn wesentlich steuert: Und unsere besten Argumente kommen einfach nicht an.

Frage: *Wodurch kann etwas Aufmerksamkeit gewinnen?*

Unsere Supermarkt-Situation führt dazu, dass Menschen folgendermaßen reagieren: Wir kaufen immer mehr Bedeutung und immer weniger Funktion.

Manchmal genügt natürlich die schiere Funktion, etwa wenn man eine Schraube kaufen will. Niemand fragt nach, aus welchem Bergwerk das Metall stammt, ob es in Kinderarbeit abgebaut wurde usw. Man kauft einfach eine Schraube, erhält damit die gewünschte Funktion – und das genügt.

Bei anderen Produkten genügt die Funktion überhaupt nicht, etwa bei einem IPod: Die schiere Funktion eines IPod heißt: Wir spielen ein MP3-File über einen Kopfhörer in das Ohr. Diese Funktion kann man in jedem beliebigen Elektronikmarkt um 19,90 Euro kaufen.

Aber die Menschen kaufen in diesem Fall lieber eine Bedeutung mit, d.h. eine Marke, eine Art persönlich gefühlten Mehrwert. Damit schafft es ein Erzeuger, 110 % Bedeutung zu verkaufen. Kostenpunkt also: 219,00 Euro. Wenn man aber einem Jugendlichen vorschlagen würde: *Warum nimmst nicht einfach das um 19,90 Euro?* – würde man angesehen werden, als wäre man komplett ahnungslos in dieser Welt.

Ähnlich ist es mit Bio-Produkten. Würde es nur um die Funktion gehen, müsste man ein Ergebnis messen können, also z.B. mehr Gesundheit. Aber das lässt sich nicht wirklich belegen, schon allein deshalb nicht, weil Gesundheit von vielfältigen Faktoren abhängig ist. Und in früheren Generationen hat man ungesunde Dinge gegessen, von denen wir uns heute keine Vorstellung mehr machen. Aber auch ohne Bio sind die Menschen alt geworden...

Das heißt, wir kaufen oft eigentlich viel mehr Bedeutung und nur ein Stück Funktion, denn die Funktion, d.h. hier etwa die Ernährung, ist auch mit anderen Produkten zu erfüllen.

FRAGE: *Aber in rein technischen Bereichen genügt wohl die Funktion? Da geht es doch sachlich zu. Außer wahrscheinlich beim Autokauf.*

Nicht wirklich. Es gibt einen Erzeuger, der seine Baufahrzeuge seit Jahrzehnten kontinuierlich erfolgreich ungefähr so positioniert: „Abenteuerspielplatz für Erwachsene".

Damit hängt zusammen, dass alles von dieser Firma immer ein Abenteuerspielplatz für erwachsene Männer ist: Jedes Fahrzeug, jedes Spiel – ja, jede Wahrnehmung dieser Marke bedeutet immer „Abenteuerspielplatz". Das ist deren stetige Positionierung, wir nennen es *Frequenz*.

Weil das jedoch unterbewusst ist, kann man es rein rational nicht durchschauen. Also auch hier: Es geht sehr viel um Bedeutung.

Frage: *Eine Marke steht demnach für eine gewisse, vielleicht unterbewusste Bedeutung? Wie kann man Marke eigentlich definieren?*

Dazu gehören mehrere Antwortebenen.

- Marke ist das Bauchgefühl einer entsprechenden Anzahl von Menschen: Das schließt an das oben Gesagte an. Es geht um die – unterbewusste – Bedeutung, die mitschwingt.
- In diesem Sinn: Die Marke gehört der Kundschaft. Denn es ist der Kunde, der ein bestimmtes Bauchgefühl hat oder nicht, dem eine bestimmte Bedeutung wichtig ist oder nicht.
- Marke ist eine Haltung, die gelebt werden muss! Und wenn sie nicht gelebt wird und die Kunden gegensätzliche Erfahrungen machen, als es mit der Marke versprochen wird, ist die Marke tot.[1]
- Wenn man den Begriff Marke personifiziert, kann man sagen: Marke ist das, was sie über dich sagen, wenn du nicht im Raum bist. Das hängt dann mit Image und mit einer bestimmten Aura zusammen.
- Eine Marke folgt einem Leitsatz, auf den hin alles ausgerichtet ist.
- Marke ist daher wie ein Magnet, wie ein Filter: Alles, was damit zusammenhängt, geht in dieselbe Richtung.

Franz Hirschmugl

Frage: *Können Sie dazu Beispiele geben?*

Der Leitsatz – das Markenchart – einer Möbelfirma ist „*a better life for the many people*" – („*wir kreieren ein besseres Leben für eine Menge Leute*").
Dazu gehören Werte, die eben zu der Vorstellung „besseres Leben" passen: fröhlich, kreativ, funktional.
Diese Möbelkette ist u.a. deshalb so erfolgreich, weil dieses Markenchart mit den dazugehörigen Werten in jeder Manifestation dieser Marke zum Ausdruck kommt. Alles ist bzw. wirkt fröhlich, kreativ, funktional. Was immer diese Firma macht: Es ist so.

Ein anderes Beispiel: Eine große Marke von Pflegeartikeln hat ein Chart: *Pflege aus Liebe oder die Liebe der Mutter;* und darunter steht: sanft, pflegend, vernünftig.
Diese Marke wird von Menschen gewählt, die für dieses Chart quasi eine Antenne haben. Wer im Gegensatz dazu dafür nicht empfindlich ist, fühlt sich nicht angesprochen. D.h. die Produkte dieser Firma werden ohne flirrende Fingernägel, ohne jeglichen Glitzer präsentiert, ohne grüne Haare oder Ähnliches, sondern immer „sanft, pflegend, vernünftig". Das betrifft sogar die Auswahl und Darstellung der Models.

Ein Gegenbeispiel gibt es dort, wo es nicht eindeutig ist, wo unter der einen Marke (die dann eigentlich keine mehr ist) sehr Unterschiedliches und Widersprüchliches transportiert wird: wenn gleichzeitig in viele verschiedene Richtungen gegangen wird. Dann kennt man sich nämlich nicht mehr aus.

Das betrifft möglicherweise die Kirche, in der so manche unterschiedliche Gruppierungen im Widerspruch zueinander stehen; zumindest wird dies so wahrgenommen. Und ein Wort des Papstes ist zwar gewichtig und hilfreich, keinesfalls jedoch schafft es schon Eindeutigkeit.

Frage: *Sie haben vorhin eigentlich Details erwähnt, die zu einer Marke passen sollen. Sind diese denn im Gesamtzusammenhang mit all dem, was zu einer Marke gehört, nicht eher von untergeordneter Bedeutung?*

Nein, unser Unterbewusstsein schafft nämlich Assoziationen und Querverbindungen zu den Details, an die man gar nicht denken würde.

Dazu ein Beispiel von einer Studie mit einer Fluglinie. Diese Fluglinie hat uns eine Aufgabe gestellt und gesagt: *Wenn mehr Menschen ihre Flugangst in den Griff bekommen könnten, dann würden wir mehr Tickets verkaufen.* Das war die These.

Dann haben wir untersucht, was alles Flugangst fördert: z.B. ein unsauberer Gang, ein klapperndes Tischbrett, eine undeutliche Durchsage des Piloten usw. Denn unser Unterbewusstsein hakt sofort ein: Wenn man schon mit diesen Dingen schlampig ist, dann vielleicht auch mit der ganzen Flugzeugwartung... und das macht Angst.

Sigmund Freud hat die Bedeutung des Unterbewusstseins mit einem Eisberg verglichen: Es würde 6/7 ausmachen, also jenen Teil des Eisbergs, der *unter* dem Wasser ist; das Bewusstsein wäre das 1/7 *über* dem Wasser. Heutige Neurologen gehen davon aus, dass unser Unterbewusstsein 99 % ausmacht; unser Bewusstsein wäre dann im Bild des Eisbergs nur ein Schneeball auf jenem Teil, der über dem Wasser ist.

Marke ist etwas Fragiles und unser Unterbewusstsein spielt dabei eine große Rolle. Eine einzige schlechte Erfahrung macht viele gute Erfahrungen zunichte. Unser Unterbewusstsein speichert alles, was wir jemals erlebt haben. Einige wenige Details, die nicht passen, genügen, dass ein schlechtes Image entsteht und dann aber recht beharrlich bleibt. Dann braucht es sehr viele positive Erfahrungen, um das wieder auszubessern. Und sollte nach der zwanzigsten positiven Erfahrung wieder etwas Negatives erlebt werden, kommt sofort das Gefühl: *Ich hab es ja eh gewusst.* Und all das zwischenzeitliche Bemühen ist verloren.

Das heißt aber auch: Es ist leichter, etwas Neues zu machen, als an etwas Altem herumzubasteln.

FRAGE: *Was braucht es, um eine Marke zu kreieren – und erfolgreich zu machen?*

Zu beachten ist: Eine Marke beinhaltet wesentlich drei Ebenen: Es geht um *den einen Satz, um Performance und um Persönlichkeit.*

Der eine Satz umfasst die große Erzählung, die mit dieser Marke verbunden ist. Z.B.: *Wir machen dich zum Helden.* Dann unterstreicht <u>alles</u> dieses heldische Element. Und dieser Satz muss mit großer Leidenschaft und Hingabe erzählt werden.

Früher wurden hundert Seiten verfasst, um eine Marke zu beschreiben. Heute muss das auf einem Bierdeckel Platz haben, sonst versteht es keiner, weder die Mitarbeiter, noch wir selber, noch sonst irgendwer.

Performance: Das ist die Weiterentwicklung dessen, was früher „Kommunikation" war. Plakate und Worte genügen nicht mehr. Man muss in der Realität beweisen, was die Marke verspricht, z.B. „gute Lebensmittel zu erschwinglichen Preisen". Wenn das nicht gehalten wird, ist die Marke erledigt.

Zur Performance gehört dann – etwa bei Organisationen, die Spenden sammeln – dazu, dass man zeigt, was mit dem Geld geschieht.

Persönlichkeit: Markenpersönlichkeit heißt es deshalb, weil wir gern die Frage stellen: Stellen Sie sich vor, die Marke ist über Nacht Person geworden und klopft an der Tür; Sie sagen: *Herein.* –

Wie sieht diese Person aus? – Und da gibt es oft große Unterschiede zu dem Bild, das Insider haben und jenem, das Außenstehende wahrnehmen.

FRAGE: *Gibt es dazu ein Beispiel?*

Die Insider der *Hilfsorganisation X* haben immer eine 28-jährige, hochausgebildete, junge, fesch angezogene Frau gesehen. Bei unseren Umfragen auf der Straße haben die Leute aber erstens an Mutter Teresa gedacht oder zweitens an eine Frau mit weißem Stehkragen oder drittens an eine 50-jährige, unauffällige Frau mit einem blauen Rock und hinten zusammengebundenen Haaren, die beim Buffet nichts zum Essen nimmt.

Das war die Kurzbeschreibung 2010 dieser *Markenpersönlichkeit X-Hilfsorganisation* mit dem Leitsatz *„Ohne Ihre Hilfe sind wir hilflos"*. – Das war damals sozusagen Frequenz und Positionierung in einem und hat geheißen: *Bitte, geben Sie ein Geld für die armen Leute ...* Das war das hoch defizitorientierte Bild, das vermittelt wurde. Eigentlich war das herabwürdigend und sicher nicht auf Augenhöhe.

Wir haben das dann umgedreht, indem wir gesagt haben: *Nicht Sie als Spender helfen uns als Hilfsorganisation, sondern wir helfen Ihnen. Wenn Sie Ihre gesellschaftspolitische Verantwortung übernehmen, dann helfen wir Ihnen ...*
Wir haben also gesagt: Diese notwendige Hilfe kann diese Organisation nicht alleine geben, sondern das geht nur zusammen mit der Bevölkerung.

Es ist ein hoher kultureller Wandel, der in einer Organisation passieren muss, damit das dann stimmig und real wird. Das heißt auch, dass man sich öffnen muss. Und das war bis dahin eigentlich nicht vorgesehen.

Und es braucht Zeit, bis das in der Organisation durchsickert, bis die Mitarbeiter/innen verstehen: *Es sind die Leute, die es machen, und wir sind die Profis, die dahinterstehen.*

Das ist herausfordernd. Denn der Leitsatz und die mitgegebenen Werte werden gemessen an dem, was getan wird, an Produkten, an Dingen, am Stil. Aber da gibt es auch manchen Widerstand.

> **FRAGE:** *Können Sie das noch einmal (für dieses Buch) zusammenfassen: Wie funktionieren Marken?*

- Marken brauchen eine glasklare Frequenz.

Es muss klar sein: *Warum sind Sie auf der Welt? Warum machen Sie das?*
Diese Frequenz muss in allem erlebbar sein! Man soll sie nicht nur sagen oder vor sich hertragen, sondern sie muss in jeder Faser gespürt werden.

- Leadership ist wesentlich. Wenn die leitenden Personen nicht selbst mitmachen, wenn sie das nur dem Marketing überlassen wollen, wird es nicht funktionieren.

- Und es braucht ein hohes Maß an Zeit für die Mitarbeiter/innen. Die Mitarbeiter/innen müssen sich das, was an Philosophie dahintersteht, erarbeiten dürfen. Wenn das alles im Tagesgeschäft nebenbei sein muss, geht es sich nicht aus.

Das sind Voraussetzungen, die ich klar haben muss, um einen *brand* / eine Marke zu entwickeln bzw. weiterzuentwickeln.

Und dies angesichts der Tatsache, dass die Leute keineswegs auf meine Marke, meinen *brand,* meine Ideen, meine Produkte warten; eigentlich wartet überhaupt niemand auf das, was ich bieten möchte. Markenentwicklung und Markenpositionierung ist echte Arbeit.

Frage: *Was kann Markenentwicklung eigentlich mit der Kirche zu tun haben?*

Es gibt viele ähnliche, ja oft dieselben Fragen und Herausforderungen: Wie gewinne ich Aufmerksamkeit? Welcher *eine Satz* fasst meine große Erzählung verständlich zusammen? Mit welcher Leidenschaft ist dieser Satz überall spürbar? Usw.

An dieser Stelle helfen jene Fragen, die sich Marken grundsätzlich stellen und die sich auch die Kirche stellen sollte:

Zunächst: Über wen sprechen wir?
Wir schauen uns bei Firmen immer an: Reden die über sich selber oder über die Kundschaft? Will man überhaupt die Leute ansprechen oder genügt es, wie es läuft?

De facto wird zehnmal öfter über sich selbst gesprochen ... Das zeigt sich z.B. in Firmenprospekten. Wenn ein Industrieller gern seine Halle herzeigt, ist das für die Kunden völlig egal. Das zeigt Produktionsorientiertheit, aber keine Kundenorientierung.

Aber die Menschen haben ein Gespür dafür, ob jemand über sich selbst redet, wenn auch versteckt, und mir bloß etwas verkaufen will, oder ob jemand ernsthaft und authentisch darüber nachdenkt, was der Nutzen für den Kunden ist.

Das kann man leicht auf die Praxis der Kirche umlegen. Redet man über sich selbst, über das pfarrliche Biotop, über die Botschaft, die man anbringen will – oder über das, was die Menschen bewegt?

Diese Frage ist in Korrelation zu bringen mit dem *einen Satz*, den es zu formulieren gilt. Dazu mein Vorschlag, den ich mir als den Leitsatz für die Kirche schlechthin vorstelle: *Wie kommt mehr Liebe in die Welt?* Das ist wohl die Kurzfassung der großen Erzählung des Christentums. Dieser Satz ist nun mit aller Leidenschaft und überall umzusetzen.

Zweite Frage: Wie sieht es aus mit unserem Aggiornamento? Der Begriff Aggiornamento stammt von der Kirche, und zwar aus den Texten des Zweiten Vatikanischen Konzils. Er bedeutet die Erneuerung des Gewachsenen.

In diesem Sinn müssen Firmen etwa ihre Produkt- und Werbelinie jeder neuen Zeit anpassen, um die Kunden zu erreichen.

Aggiornamento für die Kirche heißt ebenfalls: Neuinterpretation der gewachsenen Substanz. Das betrifft die kirchliche Sprache, Rituale usw. In gewisser Weise könnte das ein eigenes Übersetzungsbüro brauchen ...

Die dritte Frage ist eigentlich ein Fragenkomplex und lautet: Komfortzone oder Zukunft?
Unter Komfortzone meine ich eine Einstellung wie: *Es passt ja eh. Es sind noch immer genug Leute da. Wer uns finden will, wird schon kommen ...*

Zukunft hingegen bedeutet, auf die eigenen Möglichkeiten zu schauen, sein Potential zu entdecken, sich leidenschaftlich einzusetzen und mehr erreichen zu wollen, als jetzt schon da ist.

In der Komfortzone findet man das gegenwärtige Establishment. Es geht um Geld, Status, Macht. Man lebt unter dem Anspruch von Verpflichtungen „man sollte ..." und man will für alles eine Erlaubnis.

In der Zukunftszone wird zunächst schlicht gefragt: Warum? Wozu soll dies oder jenes gemacht werden? Man ist selbstbestimmt, sucht Möglichkeiten und leitet sich selbst nach dem Motto „ich will ...".

Will man also heute zukunftsorientiert sein, sind zunächst alle Establishment-Signale zu unterlassen. Denn die Jüngeren interessiert dieses Establishment nicht mehr. Die Älteren freilich könnten meinen, dass das noch wichtig ist, weil es irgendwann einmal in früheren Zeiten wichtig war. Vielleicht merkt man gar nicht, was Establishment ist, weil man so selbstverständlich damit umgeht. Aber so ein Stil wie „ich erkläre euch jetzt die Welt" kommt nicht mehr an.

Und noch eine vierte Frage: Welche Aura erzeugen Sie?
Hier hat sich *der eine Satz* zu bewähren, mit dem die entsprechenden Werte verbunden sind: *Wie kommt mehr Liebe in die Welt?*

An dieser Stelle müsste jede/r nachdenken und sich vergewissern: *Was mache ich eigentlich? Wie mache ich es? Entspricht es diesem Satz?* Und wenn nein: dann ist es zu unterlassen. Wenn etwas nicht diesen Geist von Liebe atmet, machen wir es eben nicht.

Mehr Liebe kann aber schon sehr einfach in die Welt kommen, etwa durch eine freundliche Begrüßung zur Frühmesse oder anlässlich von Taufen, Erstkommunionen, Trauungen; auch wenn die Leute nicht so kirchennah sind. Denn das ist bei diesem Satz schon unwichtig. Es geht um „mehr Liebe in und für diese Welt".

Eine Aura entsteht nicht dadurch, dass man etwas macht, sondern durch das Engagement, das dahintersteckt und spürbar wird. Der Anspruch, eine „Anwaltschaft" zu übernehmen, ist eben mehr als die Erfüllung einer Aufgabe. Das ist vielleicht das, was eine Aura ausmacht im Unterschied zur braven Pflichterfüllung.

FRAGE: *Da geht es einerseits um Grundhaltungen, die für jede Repräsentation ähnlich sind, ob es sich nun um eine Marke, um die Kirche oder um eine „Marke Kirche" handelt. Wo sehen Sie besondere Ansatzpunkte für eine kirchliche Profilierung in Richtung einer Marke? Und was sollte besser gemacht werden?*

Es gibt eindeutig vieles, das man an der Kirche schätzt; und daran kann man vorrangig ansetzen.

Kirche bietet vielen Menschen Heimat, Geborgenheit, ein Netz von Beziehungen. Viele erfahren Wertschätzung, finden ihre Identität durch ein Mitleben mit der Kirche.

Sie bietet Orientierung im Jahreskreis. Deshalb feiern Menschen Weihnachten, auch wenn sie die religiöse Bedeutung nicht kennen.

Kirche vermittelt konkrete Hilfe, Trost, Seelsorge.

Die Identität unseres Landes wurde wesentlich durch die Kirche geprägt: nicht nur durch Kunst, sondern auch durch Werthaltungen.

Kirche ist ein wichtiger Bildungsträger. Wenn sie das auch in Zukunft sein will, muss aber darauf geachtet werden, dass nicht nur wohlhabende Schichten katholische Privatschulen besuchen, sondern auch Kinder aus ärmeren (Migranten-)Milieus aufgenommen werden.

Gute Ansatzpunkte, die aber weiterzuentwickeln sind, wären meiner Meinung nach Rituale, Symbole und Spiritualität. Hier sind Menschen heute auf der Suche. Wenn man unter Spiritualität googelt, kommt man zu Esoterik, Buddhismus und irgendwelchen Bildern, die sicher nicht aus dem katholischen Bereich stammen. Spiritualität braucht heute neue, zeitgemäße Formate; Exerzitientage alten Stils genügen nicht mehr, nicht einmal „gestandenen Katholiken". Aber sie hören deshalb nicht auf, den Vater, den Sohn und den Heiligen Geist zu lieben. Sie glauben auch nach wie vor an die Gemeinschaft und Versammlung der Heiligen. Aber das geschieht nicht mehr nur in Kirchen, sondern auch in Kaffeehäusern, beim gemeinsamen Kochen, im Park usw. Es geht den Menschen nicht mehr um jenen Glauben, der ihnen vorgesetzt wird, sondern um ihre neue Form von Spiritualität[2] –

und zwar durchaus mit Bezug auf Gott, so wie ihn Jesus Christus verkündet hat.

Spiritualität ist freilich noch mehr und breiter. Wenn in London nach den Terroranschlägen in Paris (13.11.2015) danach beim Länderspiel England gegen Frankreich 90.000 Menschen (und die meisten davon Engländer) die Marseillaise singen, dann ist das Spiritualität! Und freilich: Ich begegne Leuten, für die gilt das nicht; die meinen, Spiritualität müsse in einer Kirche stattfinden und es müsse eine Monstranz in der Nähe sein oder ein Priester...

Verbesserungsbedarf gibt es in manchen Bereichen angesichts einer langen, ehrwürdigen Tradition, die dringend und beständig ein Aggiornamento braucht, wie das Zweite Vatikanische Konzil fordert: besonders die kirchliche Sprache und die Rituale. Eine weitere Schwierigkeit ist wahrscheinlich das relativ unattraktive Regelwerk, das es manchmal schwer macht, dass „mehr Liebe in die Welt kommt". Hier wären Entwicklungen notwendig, etwa was die Rolle der Frauen betrifft oder das Problem, dass Menschen ausgegrenzt werden.

Überhaupt: Es geht um Mut, sogar um Radikalität im Stehen zu seinen Überzeugungen. Jesus war ziemlich radikal in seinen Ansichten und in seiner Hingabe bis zur Bereitschaft, sich dafür kreuzigen zu lassen. Im Blick auf diese Radikalität und auf das Vorbild Jesus Christus gibt es bei uns durchaus Aufholbedarf.

> **Frage:** *Aber das erleben die Menschen in der Kirche unterschiedlich. Was für die einen „mehr Liebe" heißt, bedeutet für andere „Irritation" oder „Relativismus"; was für die einen wichtig ist, spielt für andere keine Rolle... Wie sollte man etwas entwickeln, dem alle gleichermaßen zustimmen?*

Das führt jetzt zu einem Exkurs in die Sinus-Milieus, d.h. in ein Zielgruppenmodell. Da werden einerseits Werthaltungen, andererseits eine soziale Schichtung miteinander in Verbindung gebracht, sodass man zehn Milieus unterscheiden kann.[3]

Das sind dann unterschiedliche Typen, die man nicht mehr mit einer einzigen Kommunikation erreichen kann. Dazu ein außerkirchliches Beispiel: Wir wollen Alternativ-Energie verkaufen.

Der *Bürgerlichen Mitte* muss man den genauen Zeitpunkt ankündigen, wann der Berater kommt und versichern, dass er den Teppich nicht schmutzig macht.

Den *Postmateriellen* muss man erklären, dass dies ein wichtiger Beitrag zur Klimaschonung ist im Blick auf die nachkommenden Generationen.

Den *Performern* müsste man sagen, dass dies hilft, den Technologie-Standort Österreich zu festigen.

Die *Digitalen Individualisten* müssen erfahren, dass sie dies mit dem IPhone steuern können.

Und für die *Adaptiv-Pragmatischen* ist wichtig, dass es jetzt dafür 3 % Förderung vom Land gibt.

Kirchliche Beispiele müssen Sie selber überlegen und durchspielen. – Aber es geht dabei nicht bloß um eine oberflächliche Werbestrategie, um stets dasselbe an den Mann und an die Frau zu bringen, sondern um eine Grundhaltung: Ich gehe auf die Menschen und auf ihre Bedürfnisse ein.

FRAGE: *Wenn wir eine Zusammenfassung versuchen: Was kann Kirche von Marke lernen?*

Man muss sich denselben Fragen und Herausforderungen stellen, die auch für Marken gelten:

- Das Erste ist die notwendige Reflexion und Vergewisserung: Auf welcher Frequenz senden Sie eigentlich? Passt das zu dem Satz „Wie kommt mehr Liebe in die Welt"?

- Was ändert dieser Satz an unserem Verhalten? Was wollen Sie ab jetzt anders machen? Je radikaler Sie dies angehen, desto besser.

- Was dennoch unveränderbar ist, muss bewusst werden, muss benannt werden, und man muss darüber reden.[4]

- Wie werden wir zeitgemäß, ohne uns anzubiedern?

- Die entscheidende Frage ist: Wollen wir die Komfortzone überhaupt verlassen? Wenn es so schön ist, dort wo wir sind, und wenn es eh schön warm eingeheizt ist, dann passt es eh.

Abschließend ein Wort von Papst Franziskus:
Bei Jesus bleiben bedeutet: Aufbrechen, aus sich selbst herausgehen und nicht in einem müden Gewohnheitsglauben verharren.[5]

Danke für das Gespräch.

Anmerkungen

[1] Der Chef einer amerikanischen Kaffeehaus-Kette hat sinngemäß gesagt: Jeder Barista, jeder Kaffeesieder, ist imstande, das, was er in vierzig Jahren als Marke aufgebaut hat, in zwei Minuten kaputtzumachen. Und das geht so: Man bestellt einen Kaffee und erhält ein eher ungenießbares Getränk. Und dann beschwert man sich: Das schmeckt ja grauslich. Und dann kommt die Antwort: Das ist bei uns so. – 40 Jahre Arbeit an der Marke: in einer Sekunde tot!

2 Formuliert nach dem Medienforscher Theo Loos.

3 Siehe z.B.: https://de.wikipedia.org/wiki/Sinus-Milieus

4 Dazu ein Beispiel: Ich habe einmal mit einem österreichischen Bischof eine schöne Diskussion gehabt und dabei das Bild von Schwarzen Rittern verwendet. Es waren einmal Burgen (heute könnte man dies mit Diözesen vergleichen), in denen es Schwarze Ritter gab. Diese reiten so um 4 Uhr in der Früh hinaus, benehmen sich daneben, schikanieren die Bauern usw. Vielleicht wohnen wirklich 99 nette Ritter in der Burg und nur ein „Schwarzer". – Was glauben Sie, wie die Bevölkerung die Burg wahrnimmt? Tatsächlich wird man den einen Schwarzen Ritter ernster nehmen als die anderen.

Aber: Was tut man denn gegen Schwarze Ritter? Wenn man einen solchen schon nicht zurückhalten oder einsperren kann, dann soll man wenigstens den Leuten sagen, dass Sie der Meinung sind, dass dieser ein Schwarzer Ritter ist und eigentlich nicht dazugehört! Aber nur schwach zu sagen: Ja, da kann man nichts machen, das ist halt einer von uns oder so ähnlich: Das genügt nicht.

5 Vgl. Ansprache während der ersten Generalaudienz am 13.03.2013: http://www.osservatoreromano.va/de/news/die-menschen-sind-das-haus-jesu

CHRISTIAN BAUER

„DON'T BELIEVE THE TYPE"?
Inspirationen für eine pluralitätsfähige Kirche

„Gott in der Höttinger Gasse" – unter diesem Titel habe ich vor einigen Jahren ein Seminar angeboten. Dabei ging es um die theologische Erkundung einer der interessantesten Straßen von Innsbruck: die Höttinger Gasse. Diese schmale Straße zur Höttinger Pfarrkirche führt nicht nur von der Innsbrucker Altstadt hinauf zur Diözesanverwaltung, sie ist auch ein in sich höchst pluraler Mikrokosmos – eine kleine Welt, die eigentlich unsere Welt im Kleinen ist: bunt, vielfältig und in ihrer Vielfalt irgendwie auch struppig. In dieser Gasse tummeln sich, um nur einige vorwiegend religiös konnotierte Orte zu nennen: ein Esoterikladen und die Adventisten, die Piusbruderschaft und ein muslimischer Kulturverein, eine freikirchliche „Kirche im Kino" und die Zeugen Jehovas, ein Sado-Maso-Club und tibetanische Gebetsfahnen im Hinterhof, aber auch ein alternativer Kostnixladen – und über allem thront seit eh und je die Höttinger Pfarrkirche. Unten wuselt das pralle Leben, darüber sitzt und wartet die Kirche. Ein ostafrikanischer Student sagte am Ende meines Seminars: Die Höttinger Gasse ist keine Straße, sie ist eine ganze Theologie. Wie aber lässt sich die „Theologie" dieser Gasse in ihrer Pluralität verstehen? Und wie könnte unsere Kirche im heutigen Gewusel einer pluralen Welt präsent sein, die immer weniger eine Blümchenwiese postmoderner Vielfalt darstellt, sondern immer mehr einen Kampfplatz spätmoderner Vielheit'? Differenz, nicht Pluralität ist wohl das entscheidende Zeichen unserer Zeit.

Von der multidifferenten Vielheit dieser Innsbrucker Gasse ausgehend, lade ich Sie entlang des pastoraltheologischen Leitfadens SEHEN – URTEILEN – HANDELN ein, mit mir auf eine Entdeckungsfahrt zu gehen in die Differenzen jener pluralen Welt, in der wir leben.

1. SEHEN:
Kirche und Welt im Plural

Beginnen wir noch einmal in Innsbruck. Manchmal beschert einem der morgendliche Weg zur Bäckerei überraschende pastoraltheologische Einsichten. So entdeckte ich eines Morgens auf einem Müllcontainer diesen ganz besonderen Aufkleber:

„Don't believe the type" – Bevor ich mit Ihnen meine eigenen Gedanken zu diesem Aufkleber teile, zunächst einmal die Frage an *Sie*: Was sehen Sie? Was fällt Ihnen auf? Und was fällt Ihnen dazu ein?

Meine erste Wahrnehmung war: Das passt doch gar nicht! Einerseits die Form einer altdeutschen Schrifttype, die in Kombination mit der schwarz-weiß-roten Farbgebung auf eine politisch rechtsgerichtete Aussage schließen lässt. Und andererseits ein Inhalt, der jeden Gedanken an eine solche Zuordnung schon im Ansatz verunmöglicht: „Verlass' dich nicht auf das, was diese Schrifttype – *the type* – auf den ersten Blick nahelegt." Form und Inhalt passen offenkundig nicht zusammen. Der „deutungssubversive" Inhalt der Aussage hebelt deren politisch rechtsgerichtete Form sogar aus. Und genau diese Differenz eröffnet ein für unser Thema bedeutsames Erkenntnisfeld. Wenn wir nämlich im Alltag unserer pluralen Lebenswelten unterwegs sind, reduzieren wir deren reizvolle, bisweilen auch anstrengende Pluralität auf erfahrungsmäßig meist recht passgenaue Wahrnehmungsschablonen. Altdeutsche Schrifttype in den Farben Schwarz, Weiß und Rot. – Aha: Rechtsradikales. Oder aber: Lippenpiercing, Springerstiefel und gefärbte Haare? – Aha: Ein Punk. Oder auch: Stethoskop, Birkenstockschuhe und weißer Kittel? – Eine Ärztin. Soutane, Brustkreuz und violette oder rote Schärpe? – Ein Bischof. Wie unser Aufkleber so spricht auch die phänomenologisch ausgerichtete Soziologie eines Alfred Schütz von solchen erfahrungsbasierten Stereotypen, mit deren Hilfe wir unsere Alltagswahrnehmung strukturieren. Ich möchte im Folgenden dazu einladen, hinter dieser Wahrnehmung von soziologischen Idealtypen etwas mehr die „unterbrechende" Phänomenologie der Wahrnehmung eines konkreten Gegenübers zum Zuge kommen zu lassen.

Denn einerseits brauchen wir die Schablonen idealtypischer Alltagswahrnehmung, um die Komplexität unserer pluralen Lebenswelten so weit zu reduzieren, dass wir uns darin überhaupt noch auskennen und handeln können. Dabei greifen wir auf einen reichen Schatz von alltäglichem Erfahrungswissen zurück, der uns hilft, mit einem Punk, einer Ärztin oder einem Bischof adäquat umzugehen. Richtig spannend wird es, wenn sich diese Person dann andererseits aber plötzlich ganz anders verhält, als es unser alltagsbewährtes Erfahrungswissen nahelegt. Wenn uns der Punk beispielsweise – und das soll vorkommen – auf dem Kirchplatz in ein Gespräch über Adornos *Negative Dialektik* verwickelt. Wenn man mit der Ärztin beim gemeinsamen Klettern verschwitzt, aber glücklich an einem Seil hängt. Oder wenn der Bischof mit Jugendlichen am Boden sitzt und ein Bier aus der Flasche trinkt. Daher ist der gerade gezeigte Aufkleber so wichtig: *Don't believe the type!* All das unterbricht unsere Alltagsroutinen, es irritiert die Schablonen unserer Wahrnehmung. Es fordert uns, so der Soziologe Alfred Schütz, zu einer „Neuauslegung"[2] unseres bisherigen Erfahrungswissens heraus und weitet somit den Horizont unserer alltäglichen Weltwahrnehmung. Noch einmal Alfred Schütz:

> „Jeder Schritt meiner Auslegung der Welt beruht [...] auf einem Vorrat früherer Erfahrung [...]. [...] All diese [...] Erfahrungen schließen sich [...] in der Form eines Wissensvorrates zusammen, der mir als Bezugsschema für den jeweiligen Schritt meiner Weltauslegung dient. [...] Unsere Frage ist [...], wie diese routinemäßige Abfolge [...] unterbrochen wird und [...] sich gegen einen Hintergrund von Selbstverständlichem ein Problem abhebt. [...] Die lebensweltliche Wirklichkeit fordert mich [...] zur Neuauslegung meiner Erfahrung auf [...]. [...] Das heißt aber, dass [...] die in meinem Erfahrungsvorrat sedimentierten Auslegungen [...] nun nicht mehr als ausreichend angesehen werden können und ich die Horizontauslegung wieder aufnehmen muss."[3]

Diese unvorhergesehene Weitung meines lebensweltlichen Horizonts steht oft im Zusammenhang mit der Erfahrung einer direkten, physischen Begegnung mit dem Anderen – und zwar im Sinne der genial einfachen Erfahrungsdefinition von Michel Foucault: „Eine Erfahrung ist etwas, woraus ich verändert hervorgehe.[4] Für unseren Zusammenhang heißt das: Es geht um eine Begegnung von Menschen aus Fleisch und Blut[5], die eine neue Welterfahrung ermöglicht – und nicht nur ein Aufeinandertreffen von abstrakten, soziologisch beschreibbaren Idealtypen darstellt. Eine solche Begegnung braucht nun aber das, was man philosophisch in der Phänomenologie *epoché* nennt: das möglichst weitgehende Einklammern von möglichst vielen unserer eigenen Vorannahmen. Dieses probeweise Zurseitelegen der „Vor-Urteile" unserer alltäglichen Wahrnehmungsroutinen wird niemals vollständig gelingen, aber einen Versuch ist es allemal wert. Es gelingt in der Regel nicht auf großformatigen Podien wie der Österreichischen Pastoraltagung, sondern viel eher im kleinräumigen „Du sach' a mal"-Gespräch am Küchentisch, im Kaffeehaus, am Lagerfeuer oder am Tresen einer Bar. Dann aber ermöglicht es bisweilen auch überraschende Erfahrungen von Katholizität – von Einheit in der Vielfalt unserer multiplen Pluralitäten. Eine solche Erfahrung konnte ich während meiner Tübinger Assistentenzeit machen. Ich wohnte dort Tür an Tür mit einem jungen Kroaten, der gerade aus Rom gekommen war. Er ist dort bei den Legionären Christi gewesen, und war mir schon zuvor bei einer Lehrveranstaltung als ein wacher, eigenständig denkender Student aufgefallen. Petar war zu intelligent, um ein Fundamentalist zu sein. Aber er dachte eben deutlich anders als ich. Irgendwann sind wir dann einmal ein Bier trinken gegangen – und dieser Abend wurde für mich zu einer Sternstunde differenzfreudig gelebter Katholizität: *Don't believe the type!*

Unterschiede in Lebensstil, Weltanschauung und Geisteshaltung gibt es ja nicht nur „draußen" in der Welt, sondern auch „drinnen" in der Kirche. Wir verfügen über eine Fülle von empirischen Daten zu diesen Differenzen. Wenn man die idealtypisierten Ergebnisse verschiedener religionssoziologischer Untersuchungen zusammenfasst, finden sich im pastoralen Feld unserer pluralen kirchlichen Gegenwart:

  - im Bereich der Priester: zeitlose Kleriker, zeitnahe Kirchenmänner, moderne Gemeindeleiter und zeitoffene Gottesmänner[6];

  - im Bereich der Diakone: liturgie-zentrierte Leviten, helfend-diakonische Samariter und politisch-diakonische Propheten[7];

  - im Bereich der Pastoralassistent/innen: kontextuelle Theolog/innen, konsequente Weltlaien und funktionale Pfarrer/innen[8] sowie

  - im Bereich der kirchlichen Jugendarbeit: religiös interessierte Spirits, sozial engagierte Humans und erlebnismäßig orientierte Funs[9].

Doch auch hier gilt: *Don't believe the type!*[10] Ein Student sagte mir mit Blick auf die letztgenannte Jugendstudie einmal: „Ich bin als ‚Fun' nach Taizé gefahren, der Leute kennen lernen und Spaß haben wollte. Und dann bin ich als ‚Spirit' zurückgekommen." Die Dinge können sich also ändern – und eine gewisse Randunschärfe bleibt ohnehin. In jedem Fall ist aber von einer innerkirchlichen Pluralität auszugehen, die nicht minder groß ist als die unserer übrigen Gesellschaft. Denn man kann in derselben Straße wohnen und dennoch auf verschiedenen Planeten leben. So spricht der Münchner Soziologe Armin Nassehi zum Beispiel gar nicht mehr von der einen „Gegenwart" (im Singular), sondern vielmehr nur noch von vielen „Gegenwarten"[11] (im Plural). So wie das Zweite Vatikanische Konzil zwar am 20. Oktober 1962 mit *einer* Botschaft an „die Welt" (im Singular) begann, dann aber am 8. Dezember 1965 mit einer ganzen Fülle von Schlussbotschaften endete: an die Regierenden, an die Wissenschaftler, an die Künstler, an die Frauen, an die Arbeiter, an die Armen und Kranken sowie an die Jugendlichen – „Welt" im Plural. Im Umgang mit den verschiedenen Gegenwarten dieser pluralen Welt lassen sich, je nach personaler Grundgestimmtheit, mindestens zwei unterschiedliche Haupttypen unterscheiden:

- einerseits eher „weltsouveräne" Pluralitätsgenießer und
- andererseits eher „gegenwartsängstliche" Pluralitätsfürchter.

Auch hier gilt: *Don't believe the type!* Man tut unserer österreichischen Kirche aber sicherlich nicht Unrecht, wenn man das grundlegende Weltgefühl ihres gegenwärtigen Mainstreams eher im zweiten Haupttyp vermutet. Dessen prägender Charakterzug ist eine tiefe Trauer um den Verlust einer scheinbar „singularen" Einheitswelt. Der großartige Barock unseres Landes ist eine letzte große Inszenierung dieses christlichen Weltganzen im Moment seines Auseinanderbrechens. Es ist wie bei einer Videoinstallation, die ich vor einigen Jahren einmal gesehen habe. Sie zeigt das Bild eines wunderbaren Kuppelfreskos, dessen Weltganzes sich jedoch nach und nach in abertausend Pixel auflöst. Michel de Certeau spricht von der „Dekomposition eines Kosmos"[12]. Und Gottfried Benn bringt in seinem Gedicht *Verlorenes Ich* die damit verbundene kirchliche Pluralitätstrauer treffend ins Wort:

> [...]
> Die Welt zerdacht. Und Raum und Zeiten
> und was die Menschheit wob und wog,
> Funktion nur von Unendlichkeiten –,
> die Mythe log.
> [...]
> Ach, als sich alle einer Mitte neigten
> und auch die Denker nur den Gott gedacht,
> sie sich dem Hirten und dem Lamm verzweigten,
> wenn aus dem Kelch das Blut sie rein gemacht,
>
> und alle rannen aus der einen Wunde,
> brachen das Brot, das jeglicher genoß –
> o ferne zwingende erfüllte Stunde,
> die einst auch das verlorne Ich umschloß.

Soweit der Dichter Gottfried Benn. Gegen die Wirklichkeit aber, so Rainer Bucher, hilft „kein Wünschen"[13]. Daher nun:

2. URTEILEN:
Voraussetzungen gelingender Begegnung

Angesichts der Pluralität unserer heutigen Alltagswelten stellt sich eine Frage, die Sie vermutlich als Titel eines populärphilosophischen Bestsellers kennen: *Wer bin ich – und wenn ja wie viele?* Diese paradoxe Frage betrifft auch den kollektiven Sozialkörper unserer Kirche. Denn für sie gilt ja ebenso der berühmte Satz Rimbauds: *Ich ist ein anderer.* Auch ihre Identität ist eine hybride. Und sie ist nicht oberhalb oder außerhalb kirchlicher Differenzen zu finden, sondern nur in ihnen und durch sie hindurch. Denn Kirche ist, so der Salzburger Dogmatiker Hans-Joachim Sander, von Beginn an „nicht eins"[14], sondern „zwei"[15]: Kirche sesshafter Hausgemeinden und Kirche umherziehender Wanderprediger, „petrinische" Kirche der Sammlung und „paulinische" Kirche der Sendung. Allein schon diese beiden neutestamentlichen Gestalten erweisen die Bibel als jene höchst gegenwartsfähige „Schule der Pluralität"[16], in der noch so manche Lektion auf uns wartet. Unser kirchlicher Blick kann dann frei werden für das Entdecken der eigenen Pluralität. Dafür, dass wir zum Beispiel nicht nur einen Schöpfungsbericht haben, sondern zwei. Nicht nur ein kanonisches Evangelium, sondern vier. Und auch nicht nur eine Kirchenkonstitution des Zweiten Vatikanums, sondern vielmehr zwei: *Lumen gentium* und *Gaudium et spes*. Theologische Einheitsutopien wie die Evangelienharmonie des *Diatessarón* von Tatian wurden kirchenamtlich sogar ausdrücklich verworfen. „Ich ist ein anderer" – das gilt nicht nur für soziale Kollektivsubjekte wie die Kirche, sondern auch für Einzelpersonen. Julia Schramm, eine junge Politikerin schrieb vor einiger Zeit im Feuilleton einer großen deutschen Tageszeitung:

> „Mit dem 11. September [...] verpflichtete ich mich der offenen Gesellschaft. Mehr noch, ich entschied mich gegen den Hedonismus und begann, mich für die Belange der Welt zu interessieren. [...] Schnell lernte ich, dass man mit [...] Pelz und Perlenohrringen die Grünen einfach zu schön ärgern [kann] und gleichzeitig Jungspießer mit Segelschuhen und Barbour-Jacke mit Forderungen nach einem bedingungslosen Grundeinkommen [...]."[17]

Auch hier gilt: *Don't believe the type!* – Schramm weiter:

> „Ich wollte rebellieren, anders sein [...]. [Daher kultivierte] [...] ich einen [...] ‚Bauchkommunismus', der vom Willen zur Gerechtigkeit

geprägt war und vom Vertrauen, dass Menschen Gutes tun, wenn sie Gutes erleben. [...] Bitter war jedoch die nach und nach gewonnene Erkenntnis, dass es Gut und Böse nicht gibt [...]. Doch wenn es Gut und Böse nicht gibt, bleibt nur die Freiheit. [...] Nun denn, ich hatte mich also der Freiheit verschrieben [...]."[18]

Dieses Lebensgefühl heutiger Freiheitskünstlerinnen und Freiheitskünstler, die das Spiel des Lebens im spätmodernen Plural seiner Züge lieben und nicht meiden oder gar bekämpfen, ist weltskeptischen Pluralitätsfürchtern innerhalb wie außerhalb der Kirche fremd. Wie gut täte ihnen aber der Kontakt mit differenzfreudigen Pluralitätsgenießerinnen wie Julia Schramm! Schließlich haben wir als Kirche ja in weiten Teilen längst den Anschluss an entsprechende gesellschaftliche Leitmilieus verloren – und damit auch an die Eliten von morgen: die Kreativen und die Macher, die Unkonventionellen und die Wagemutigen. Sie alle fordern uns zu einem genussvollen Weltensurfen heraus, das der evangelische Pastoraltheologe Henning Luther folgendermaßen beschreibt:

> „Alltag heißt [...] häufiger Wechsel der Bühnen, der Kulissen und der Kostüme. [...] Die verschiedenen Welten werden miteinander konfrontiert [...]. So werden die Übergänge zu Berührungen, die die Starre des Alltags auflösen und ihn verlebendigen. Derart kann der Alltag zum Abenteuer werden. Das Ferment dieses lebendigen Alltags ist also in ihm enthalten, genauer an den Schnittstellen, Verknüpfungen, Übergängen und Brüchen [...]."[19]

Und, so ist aus meiner Sicht hinzuzufügen: Spiritualität wäre dann als ein zentrierender Ort des Seins zu verstehen, an dem ich die flirrenden Alltagserfahrungen meiner pluralen Lebenswelten in produktiver Weise integrieren kann.

Soweit die positive, genussvolle Seite unserer Freiheit (inklusive ihrer spirituellen Komponente). Was aber, wenn diese Freiheit uns nicht als eine kunterbunte Blumenwiese der Pluralität entgegentritt, sondern vielmehr als ein stahlharter Kampfplatz der Differenz? Wenn der jeweilige Andere so anders ist, dass die Begegnung schwerfällt und die Differenz zwischen uns beinahe unerträglich wird – und zwar in der Gesellschaft genauso wie in der Kirche? Nachdem deren Konflikte während der letzten beiden Pontifikate durch römischen Machtgebrauch zumindest auf der Kirchenoberfläche homogenisiert wurden, treten sie im gegenwärtigen Pontifikat nun offen zutage. Wir erleben gerade den Beginn einer neuen katholischen Streitkultur. Papst Franziskus fordert in diesem Zusammenhang dazu auf, „mit Freimut zu sprechen und mit Demut zu hören"[20]. Und er bleibt bei all dem realistisch, Konflikte beschönigt er nicht. In seiner Rede zum Abschluss der vergangenen Bischofssynode (2015) sagte er:

> „Auf dem Weg dieser Synode haben die verschiedenen Meinungen, die frei – und leider manchmal mit nicht ganz wohlwollenden Methoden – ausgedrückt wurden, zweifellos den [innerkirchlichen] Dialog bereichert und belebt. Und [...] wir haben auch gesehen, dass das, was dem Bischof eines Kontinents als normal erscheint, sich für den Bischof eines anderen Kontinents als seltsam, beinahe wie ein Skandal herausstellen kann [...]."[21]

Eine entsprechende katholische Streitkultur braucht dieselbe Pluralitätsfähigkeit, die das Zweite Vatikanum mit seinen differenzsensiblen Lehrtexten aufbrachte. Es hat nämlich keine entscheidungsschwachen Kompromisspapiere hervorgebracht, sondern vielmehr hochgradig pluralitätsfähige Dokumente, die auch den schultheologischen Grundoptionen seiner kurial geprägten Minderheit gerecht wurden. Ein Musterbeispiel dafür ist die erste Kirchenkonstitution *Lumen gentium*. Wollte man zunächst – der schultheologischen Minderheitsposition entsprechend – das Volk Gottes von der Hierarchie her zum Thema machen, also das heutige Kapitel III vor das heutige Kapitel II stellen, so entschied man nach einer langen und heftigen Debatte, Kapitel II vor Kapitel III zu ziehen und somit die Hierarchie vom Volk Gottes her zu thematisieren. Das Anliegen der konziliaren Minderheit, die Betonung der hierarchischen Verfassung der Kirche, war also aufgenommen und in einen neuen Rahmen gestellt. Sie ist nun vom gesamten Volk Gottes her zu verstehen – und nicht umgekehrt. Eine entsprechend pluralitätsfähige Konzilshermeneutik[22] ermöglicht es, im konstellativen Möglichkeitsraum seiner differenzfähigen Lehrtexte eigene Optionen zu treffen, solange man die Spannung zu anderen Optionen hält. Nichts anderes macht im Kern die innere Katholizität unserer Kirche aus. Entscheidend ist, dass wir in diesem Zusammenhang dieselbe pluralitätssensible Differenzfähigkeit aufbringen wie jene Bischöfe und Theologen – Theologinnen waren damals in der Regel leider keine beteiligt –, die in den Konzilskommissionen in geduldiger Kleinarbeit um die Texte rangen. In seinem Beitrag *Über die kollektive Findung der Wahrheit* reflektiert Karl Rahner auf diese gemeinsame Erfahrung. Im Unterschied zu anderen, zum Beispiel parlamentarischen Formen von „kollektiver Wahrheitsfindung", konnte das Konzil die eigenen Differenzen nämlich noch einmal in einem weiteren Horizont verorten. Es vermochte, sie in den unendlichen Horizont Gottes hineinzustellen und offen zu halten, denn es gründete auf einem „in die Unbegreiflichkeit Gottes hinein sich verlierenden Glaubensbekenntnis als dem Fundament, von dem aus jeder um die neue kollektive Wahrheitsfindung mit den anderen zusammen sich bemüht"[23].

Wer miteinander betet, so kann man diese Konzilserfahrung resümieren, lässt Gott größer sein als die eigenen Differenzen. Dahinter steckt keine frömmlerische Spiritualisierung, sondern vielmehr handfeste Erfahrung Karl Rahners und anderer. Mehrere Jahre lang habe ich zum Beispiel eine Kundschafterinnen-Gruppe der *Congregatio Jesu* begleitet – jener „weiblichen Jesuiten" also, die innerkirchlich jahrhundertelang als „Englische Fräulein"[24] überwintern mussten, ehe sie dem ignatianischen Charisma ihrer Gründerin Mary Ward folgen konnten. Die Kundschafterinnen der CJ wollten herausfinden, wohin dieses Charisma sie heute führt. Das erste Wochenende war perfekt vorbereitet. Ich hatte aber nicht mit dem – im besten Sinn des Wortes – Eigensinn der Gruppe gerechnet. Es „crashte" gleich zu Beginn, die Fetzen flogen – und wir waren komplett ratlos. „Da hilft nur noch beten", dachte ich mir und wir gingen für eine Stunde in die Kapelle. Danach ging es weiter, wenn auch anders als geplant. Es hatte sich etwas geöffnet.

Solange wir in der Kirche noch miteinander beten, ist nichts verloren. Christinnen und Christen aber, die das nicht mehr tun, stehen in der Gefahr, ihren jeweils eigenen Standpunkt zu vergötzen und darüber Gott selbst als jenen geheimnisvollen „Einheitsgrund"[25] unserer Differenzen zu verlieren, der menschlichem Zugriff prinzipiell entzogen bleibt. Pluralität ist daher eine zutiefst geistliche Herausforderung. Sie erfordert die Fähigkeit, sich selbst nach dem Vorbild des hl. Konzilspapstes Johannes XIII. angesichts eines je größeren Gottes nicht allzu wichtig zu nehmen. Und das verlangt von uns ein Mindestmaß an reflexiver Selbstdifferenz: Ich muss mich zu mir selbst noch einmal verhalten können – zu meiner Biografie, zu meinem Kontext und zu meinen Optionen. Nur dann kann ich auch zu anderen in ein positives Verhältnis treten. Beides zusammen erfordert, wie alle Dinge des geistlichen Lebens, eine beharrliche Einübung – und, wenn es mal schwer wird, auch die Tugend der hypomoné: des geduldigen „Drunterbleibens" und Durchtragens.

Das ist besonders dann von Bedeutung, wenn Pluralität in der zwischenmenschlichen Begegnung zu einer echten Differenzerfahrung wird. Vielleicht ist dabei das Denken eines französischen Philosophen hilfreich, der den „Anderen" aus lauter Respekt vor dessen bleibenden Alterität stets mit einem großen A geschrieben hat: Emanuel Levinas. Seine Rede vom Antlitz des Anderen, dessen unmittelbarer Anspruch mich in „Geiselhaft" nimmt, hat Gustavo Gutiérrez[26] zufolge nicht zuletzt auch die lateinamerikanische Theologie der Befreiung geprägt. Es gibt einen Hollywood-Film, der zwar kein großes Meisterwerk der Kinokunst ist, das Gemeinte aber perfekt zum Ausdruck bringt: *Final call*. Dabei geht es um einen Yuppie, der unversehens den Anruf einer wildfremden Frau bekommt, die sich in der Hand von Verbrechern befindet. Sie konnte ein altes Telefon in Gang setzen, das blindlings eine ihr unbekannte Nummer wählte. Levinas würde sagen: ein Einbruch des Anderen in die Lebenswelt eines Menschen, der davon unbedingt in Anspruch genommen wird. Der übrige Film dreht sich dann um die – selbstredend erfolgreiche – heldenhafte Rettung der Frau. Mich vom „Antlitz" des Anderen so unmittelbar ansprechen und berühren zu lassen, dass ich gar nicht anders kann, als meine alltäglichen Routinen zu unterbrechen – darum geht es letztlich in jeder Begegnung von Menschen. Wohin das im Ernstfall führen kann, lässt sich im Gleichnis vom barmherzigen Samariter nachlesen oder aber auch in diesem Hollywoodfilm sehen. In jedem Fall hält es die routinehafte Wahrnehmung unseres Alltagslebens offen für einen „Einbruch" des Anderen, der zugleich auch sensibilisieren kann für einen möglichen Einbruch des ganz Anderen. Theologisch nennen wir das dann Offenbarung...

3. HANDELN:
Mediation als öffnender Dialog

Ich fasse zusammen: Es geht um Differenz, und nicht nur um Pluralität. Um eine nicht selten anstrengende Vielheit, die mehr ist als bunte Vielfalt. Und um eine Alterität des Anderen, die mich zu einer fundamentalen Anerkennung unserer Pluralitäten nötigt. Das ist mehr als reine Freude an den Unterschieden. Es erfordert vielmehr eine „Kultur der Anerkennung"[27], die auch fundamentalistische Diskursverweigerer[28] in gelassener Selbstanbietung erträgt. Das bedeutet keineswegs die Aufgabe des unvertretbar Eigenen, sondern bildet vielmehr die Voraussetzung, es im globalen Widerstreit des 21. Jahrhunderts überhaupt vertreten zu können. Diesen Widerstreit differenter Positionen als einen echten, alle Beteiligten weiterbringenden *Dialog* zu gestalten, ist das Gebot der Stunde. Dialog ist daher auch mehr als ein wohlfeiles, schmerzfreies „Plastikwort"[29], vielmehr gilt das, was der Konzilstheologe M.-Dominique Chenu einmal als die drei fundamentalen „Gesetze des Dialogs"[30] formuliert hat:

> „Erstens, die Etappe des Lächelns: Ich begegne dem Dialogpartner mit Wohlwollen. [...]. Es geht dabei nicht um bloße Liebenswürdigkeit oder so etwas wie Liberalismus [...]. Jeder muss wirklich er selbst sein. [...]
>
> Zweite Etappe: In dem Maß, in dem der Dialog sich nun entwickelt, gewinne ich Einsicht in die Gründe des Anderen. Ich suche nicht sofort nach Gegenargumenten. Vielmehr versuche ich, in seine Beweggründe einzutreten. [...]
>
> Und schließlich die dritte Etappe: Im Wissen um den Anderen [...] stelle ich mich selbst in Frage. [...] Es ist schwer, so weit zu gehen. Aber ohne das gibt es keinen echten Dialog. [...] Es gehört wesentlich [...] zum Glauben [...], sich über sich selbst zu befragen. Er kann dem Mysterium nämlich niemals voll entsprechen und muss sich im Angesicht des ‚unbekannten Gottes' Fragen [...] stellen. Und mein Dialogpartner bringt mich dazu..."[31]

Ein solcher „geheimnisoffener" Dialog, so das Konzil an seinem Ende in *Gaudium et spes*, „schließt niemanden aus" (GS 92):

> „Das aber verlangt von uns, daß wir vor allem in der Kirche selbst, bei Anerkennung aller rechtmäßigen Unterschiede, gegenseitige Wertschätzung [...] pflegen, um ein immer fruchtbareres Gespräch zwischen allen in Gang zu bringen [...]. [...] Es gelte im Notwendigen Einheit, im Zweifel Freiheit, in allem aber die Liebe." (GS 92)

Eine entsprechend diversitätsfreundliche Kirche macht sich, so der selige Papst Paul VI. in seiner Antrittsenzyklika *Ecclesiam suam*, „selbst zum Dialog" (ES 65). Sie lässt nicht nur das vorkonziliare „Entweder – oder"[32] hinter sich, sondern auch ein allzu bequemes „Sowohl – als auch"[33]. Sie stößt vielmehr in jenen Bereich des „Weder – noch"[34] vor, dessen doppelte Verneinung Michel de Certeau zufolge den pastoralen Gottesdiskurs der Kirche prinzipiell offen hält. Das heißt nicht: „Sowohl du hast recht als auch ich habe recht." Sondern vielmehr: „Weder du hast völlig recht noch ich habe völlig recht, denn Gott ist ohnehin viel größer. Dann können komplementäre Dichotomien überschritten werden – und es öffnet sich der Raum eines bislang ausgeschlossenen ‚Dritten'".[35] Damit das geschehen kann, braucht es jedoch pastorale Denkformen, die unterschiedliche Positionen nicht als destruktive Gegensätze begreifen, sondern vielmehr als schöpferische Differenzen, die aus sich heraus ein noch nicht bekanntes Drittes freisetzen. Gilles Deleuze zufolge[36] ist diese Entgegensetzung von Gegensatz und Differenz auch selbst eine Differenz und kein Gegensatz. Wo immer produktive Differenzen möglich sind, entsteht ein Raum der Freiheit. Man kann wählen und eigene Optionen treffen. Kreativität wird möglich und soziale Phantasie entfaltet sich. Im Miteinander wird ein Drittes greifbar, das sich nur „dia logou" zeigt: im offenen, aufrechten und daher immer auch riskanten Dialog. Dabei kann ein Verfahren der moderierten Konfliktbearbeitung, das auch in innerkirchlichen Kontexten immer bedeutsamer wird, weiterführende praktische Hilfestellungen bieten: die Mediation. Bei der Mediation geht es nicht darum, einen Konflikt *für die* Streitparteien zu lösen, sondern ihnen vielmehr einen geschützten Rahmen zur Verfügung zu stellen, in dem *sie selbst* ihr Problem bearbeiten und bestenfalls auch lösen können – können, nicht müssen. Denn auch in der Mediation gibt es, wie in der Pastoral und sonst im Leben, keine Erfolgsgarantie.

Ein Mediationsprozess beginnt damit, Raum zu schaffen. Eine gedeihliche Streitkultur fängt mit dem Auseinanderrücken der Stühle an. Sie braucht zunächst einmal den Abstand. Wer sich miteinander konstruktiv auseinandersetzen möchte, der muss sich zunächst einmal auseinander setzen – ganz im Wortsinn. So wie man die Streithähne in einer Schulklasse zunächst einmal voneinander trennen muss. Für das, was dann erst folgen kann, hält die Mediation drei recht optimistische „Glaubenssätze" bereit:

- Erstens: Die Streitenden haben alles, was sie zur Lösung des Konfliktes brauchen – außer der Unterstützung durch ein „allparteiliches" Außen.

- Zweitens: Man muss an die jeweiligen persönlichen Bedürfnisse hinter den vertretenen Positionen herankommen.

- Und schließlich drittens: Ist der Kontakt zwischen den Konfliktparteien erst wiederhergestellt, kommt die Lösung von allein.

Gemeint ist hier wirklicher Kontakt im Sinne seiner lateinischen Wortwurzel *tangere* (= berühren). Dazu muss ich mein Visier hochklappen, mich berührbar und damit auch verletzlich machen[37]. Wirklicher Kontakt „tangiert" nämlich nicht nur „rein peripher", sondern vielmehr in der innersten Mitte meiner eigenen Existenz. Auch das kann geschehen – muss es aber nicht. Denn es gibt letztlich auch nichtmediierbare Differenzen. Wenn Mediation jedoch gelingt, dann zumeist auf dem Weg der genannten drei Grundüberzeugungen.

Mediation ist eine auch philosophisch und theologisch kreative Konfliktvermittlungspraxis für plurale Zeiten. Zunächst einmal philosophisch. Denn sie weist in die Richtung eines noch nicht existierenden Dritten, das weder einfach nur ein Kompromiss auf dem Niveau des „kleinsten gemeinsamen Nenners" ist, noch eine Synthese im Sinne des hegelianischen Weltgeistes, der sich über These und Antithese zu immer neuen Höhen emporschwingt. Mediation bleibt auf dem Boden. Sie kann, wie so vieles, an zu viel Hegel nur scheitern. Denn es geht in der „Medi-ation" darum, eine neue gemeinsame Mitte zu finden: die *media res*. Diese ist eben keine hegelianische Aufhebung von Differenzen auf einer höheren Ebene, sondern vielmehr die gemeinsame Entdeckung von etwas noch nicht Dagewesenem. Und das ist nur möglich, wenn man zuvor in Kontakt gekommen ist. Am Ende einer Mediation ist dann etwas Neues entstanden, das bestenfalls von allen Beteiligten geteilt wird. Diese neue Mitte ist keine platonische Idee, die es „immer schon" gab und die es lediglich zu verwirklichen gilt. Gelingende Mediation ist in diesem Sinne nicht nur antihegelianisch, sondern auch antiplatonisch. Das ist eine pastorale Chance für das, was der Rahnerschüler Elmar Klinger ein „neues Denken von Gott"[38] nennt:

> „Es steht in einem direkten Widerspruch zum Platonismus. Es denkt Einheit und Vielheit anders. In der platonischen Tradition ist die Vielheit von der Einheit bestimmt und aus ihr abgeleitet. [...] Das Viele ist dem Einen untergeordnet, das Eine steht über dem Vielen [...]. [...] Im neuen Denken liegt das Verhältnis umgekehrt. Die Vielheit steht vor der Einheit [...]. Die Einheit verkörpert Vieles und das Viele kann zur Einheit werden. Es ist das Fundament der Einheit. [...] Auf dem Boden des Pluralismus wird das Denken Gottes selber neu."[39]

Damit sind wir bei der theologischen Kreativität von Mediation. Wir brauchen entsprechende kirchliche Orte gelingender Diversität, an denen Konflikte offen angesprochen und ausgetragen werden können, so dass ihr zerstörerisches Potenzial eingehegt und ihr schöpferisches freigesetzt wird. Differenzen müssen kultiviert werden. Jede rein appellative Rhetorik kirchlicher Einheit nach dem Motto „Wir sind ja doch alle eine große Gemeinschaft" steht in der Gefahr, ekklesiale Konflikte nach dem „Prinzip Bratensoße" zu überdecken und alles Leben darunter zu ersticken. Konfliktscheu ist die lebensfeindliche Verhinderung einer möglichen Produktivität des Pluralen[40] – und die vielbeschworene „Einheit in versöhnter Verschiedenheit" lässt sich in Kirche und Welt nicht einklagen, sondern vielmehr nur ermöglichen. Sie ist Gottes Werk und unser Beitrag. Denn sie hat einen fundamentalen Gnadenindex („Wir können es nicht machen") und sie steht eschatologisch offen („Wir können es nicht festhalten oder gar vollenden") – einen Zusammenfall der Gegensätze gibt es nur in Gott.

Das alles erfordert von unserer menschlichen Seite nicht nur die Bereitschaft zu reflexiver Selbstdifferenz, sondern auch zu einem zumindest zeitweisen Perspektivenwechsel[41] – am besten real in einem zeitlich begrenzten Schreibtischtausch: Pastoralassistentinnen tauschen mit Generalvikaren, Bischöfe mit Jugendleitern, Pfarrer mit Kindergärtnerinnen und Sozialarbeiter mit Religionslehrerinnen. Oder aber zumindest geistig, indem wir die indianische Weisheit beherzigen, über niemanden zu richten, in dessen oder deren Mokassins wir nicht mindestens einen Tag lang gegangen sind. Möglicherweise werden wir dann automatisch bescheidener im Urteil, weiter im Horizont und vielleicht auch tiefer im Glauben.

Denn eines ist von Gott her sicher, dem all-einen Schöpfer unserer Pluralitäten in der Höttinger Gasse und anderswo: Das

Gegenteil von Einheit ist nicht Vielfalt, sondern Einfalt! Diese Einsicht erfordert ein Mindestmaß an pastoraler Intellektualität – wenn man darunter mit Rainer Bucher die Fähigkeit versteht, die Wirklichkeit „gleichzeitig aus mehr als einer Perspektive"[42] zu betrachten: *Don't believe the type!*

Ich schließe daher mit einer Strophe des NGL-Songs *Leben wird es geben*, den ich schon als Jugendlicher begeistert am Lagerfeuer gesungen habe:

> Lernt euch unterscheiden,
> gebt euch endlich frei.
> Nur beschränkte Köpfe
> woll'n das Einerlei.

Literatur:

Bauer, Christian: Differenzen der Spätmoderne. Theologie vor der Herausforderung der Gegenwart, in *Gärtner, Stefan u. a. (Hg):* Praktische Theologie in der Spätmoderne. Herausforderungen und Entdeckungen, Würzburg 2014, 29-49.

Bauer, Christian: Optionen des Konzils. Umrisse einer konstellativen Hermeneutik des Zweiten Vatikanums, in: Zeitschrift für katholische Theologie 134 (2012), 141-162.

Bauer, Christian: The Railway Bridge of Shirampur. „Hearing to speech" (N. Morton) as Embodied Hermeneutics, in *Pandikattu, Kuruvilla / Ponniah, James (Hg):* The Dancing Peacock. Indian Insights into Religion and Development, New Delhi 2010, 259-263.

Bergoglio, Jorge Mario: Mein Leben, mein Weg: El Jesuita. Die Gespräche mit Jorge Mario Bergoglio von Sergio Rubin und Francesca Ambrogetti, Freiburg/Br. 2013.

Bucher, Rainer: Die Zukunft des Individuums. Theologische Überlegungen zu seiner Würde und Gefährdung, in: Impulse. Zeitschrift der Hauptabteilung Schule und Hochschule des Erzbistums Köln (1999-1), 2-5.

Bucher, Rainer: Katholische Intellektualität. Ein Versuch, in: Wort und Antwort 46 (2005) 158-164.

Bucher, Rainer: Kirchenbildung in der Moderne. Eine Untersuchung zu den Konstitutionsprinzipien der deutschen katholischen Kirche im 20. Jahrhundert, Stuttgart 1998.

Certeau, Michel de: La fable mystique I, XVIe-XVIIe siècle, Paris 1982.

Certeau, Michel de: La faiblesse de croire, Paris 1987.

Chenu, M.-Dominique: Un théologien en liberté. Jacques Duquesne interroge le Père Chenu, Paris 1975.

Deleuze, Gilles: Différence et répétition, Paris ^{12}2011.

Descobes, Vincent: Das Selbe und das Andere. Fünfundvierzig Jahre Philosophie in Frankreich, 1933-1978, Frankfurt/M. 1981.

Ebertz, Michael/Fischer, Martin (Hg): Spontan – spirituell – sozial. Eine explorative Studie zur kirchlichen Jugendarbeit in der Diözese Rottenburg-Stuttgart, Ostfildern 2006.

Foucault, Michel/Trombadori, Ducio: Entretien avec Michel Foucault, in Ders.: Dits et Écrits II (1976-1988), Paris 2001, 860-914.

Foucault, Michel: Cours de 7 janvier 1976, in Ders.: Dits et Écrits II (1976-1988), Paris 2001, 160-174.

Fuchs, Ottmar: Umgang mit der Bibel als Lernschule der Pluralität, in: Una Sancta 44 (1989), 208-214.

Fuchs, Ottmar: Zwischen Wahrhaftigkeit und Macht. Pluralismus in der Kirche, Frankfurt/M. 1990.

Gutiérrez, Gustavo: Meine größte Sorge gilt der Befreiung meines Volkes. Ein Interview mit Gustavo Gutiérrez, in: Orientierung 70 (2006), 107-108.

Kiesner, Cosima / Kramp, Igna / Schulenburg, Johanna (Hg): Frauen und keine Fräulein: Maria Ward und die Congregatio Jesu, Kevelaer 2009.

Klinger, Elmar: Christliche Identität im Pluralismus der Religionen. Probleme und Perspektiven aus der Sicht des Zweiten Vatikanums, in Ders. (Hg): Gott im Spiegel der Weltreligionen. Christliche Identität und interreligiöser Dialog, Regensburg 1997, 111-125.

Koschorke, Albrecht: Ein neues Paradigma der Kulturwissenschaften, in *Esslinger, Eva u. a. (Hg):* Die Figur des Dritten. Ein kulturwissenschaftliches Paradigma, Berlin 2010, 9-31.

Krist, Alois: Spannung statt Spaltung: Dimensionen eines förderlichen Umgangs mit Aggression in der Kirche, Münster 2010.

Luther, Henning: Religion und Alltag. Bausteine zu einer Praktischen Theologie des Subjekts, Stuttgart 1992.

Nassehi, Armin: Gesellschaft der Gegenwarten. Studien zur Theorie der modernen Gesellschaft II, Berlin 2011.

Pörksen, Uwe: Plastikwörter. Die Sprache einer internationalen Diktatur, Stuttgart 1992.

Rahner, Karl: Kleines Fragment „Über die kollektive Findung der Wahrheit", in *Ders.:* Schriften zur Theologie (Band VI), Einsiedeln-Zürich-Köln 1965, 104-120.

Sander, Hans-Joachim: Das katholische Ich jenseits von Aporie und Apologie. Der Glaube an die Pastoralgemeinschaft Kirche: Zur Debatte (2003), 13–15.

Schramm, Julia: Wie ich Piratin wurde, in: http://www.faz.net/aktuell/politik/wahl-in-berlin/eine-politikwissenschaftlerin-erzaehlt-wie-ich-piratin-wurde-11368015.html (Aufruf: 28. 12. 2015).

Schütz, Alfred/Luckmann, Thomas: Strukturen der Lebenswelt, Konstanz 2003.

Stefan, Ulrich: Kriegszone Europa, in: Süddeutsche Zeitung (5. April 2004), 4.

Zulehner, Paul M./Renner, Katharina: Ortsuche. Studie an den PastoralreferentInnen im deutschen Sprachraum. Ein Forschungsbericht, Ostfildern 2006.

Zulehner, Paul M.: Priester im Modernisierungsstress. Forschungsbericht der Studie PRIESTER 2000, Ostfildern 2001.

Zulehner, Paul M.: Samariter – Prophet – Levit. Diakone im deutschsprachigen Raum. Eine empirische Studie, Ostfildern 2003.

Anmerkungen

[1] Vgl. *Bauer:* Differenzen der Spätmoderne.

[2] *Schütz/Luckmann:* Strukturen der Lebenswelt, 36.

[3] *Schütz/Luckmann:* Strukturen der Lebenswelt, 33; 36-39.

[4] *Foucault/Tombadori:* Entretien avec Michel Foucault, 860.

[5] Vgl. *Bauer:* The Railway Bridge of Shirampur.

[6] Vgl. *Zulehner:* Priester im Modernisierungsstress.

[7] Vgl. *Zulehner:* Samariter – Prophet – Levit.

[8] Vgl. *Zulehner/Renner:* Ortsuche.

[9] Vgl. *Ebertz/Fischer:* Spontan – spirituell – sozial.

[10] Das biblische Bilderverbot hat in diesem Sinne auch eine zwischenmenschliche Bedeutungsdimension. Ich danke Harald Fleißner für diesen Hinweis.

[11] Vgl. *Nassehi:* Gesellschaft der Gegenwarten.

[12] *Certeau:* La fable mystique, 42.

[13] *Bucher:* Die Zukunft des Individuums, 4.

[14] *Sander:* Das katholische Ich jenseits von Aporie und Apologie, 15.

[15] Ebd.

[16] *Fuchs:* Umgang mit der Bibel als Lernschule der Pluralität. Siehe auch den Beitrag von Ulrike Bechmann in diesem Buch.

[17] *Schramm:* Wie ich Piratin wurde.

[18] *Schramm:* Wie ich Piratin wurde.

[19] *Luther:* Religion und Alltag, 242.

[20] http://w2.vatican.va/content/francesco/de/speeches/2014/october/documents/papa-francesco_20141006_padri-sinodali.html.

[21] http://w2.vatican.va/content/francesco/de/speeches/2015/october/documents/papa-francesco_20151024_ sinodo- conclusione-lavori.html.

[22] *Bauer:* Optionen des Konzils.

[23] *Rahner:* Kleines Fragment „Über die kollektive Findung der Wahrheit", 105.

[24] Vgl. *Kiesner u. a.:* Frauen und keine Fräulein.

[25] *Fuchs:* Zwischen Wahrhaftigkeit und Macht, 195.

[26] Vgl. *Gutiérrez:* Meine größte Sorge gilt der Befreiung meines Volkes. In diesem Zusammenhang verwies Gustavo Gutiérrez auf das Schlussdokument der CELAM-Versammlung von Puebla 1979, wo von den Gesichtern der Armen die Rede ist, in denen sich das leidende Antlitz Jesu widerspiegle (vgl. Nr. 31-39).

[27] *Bucher:* Kirchenbildung in der Moderne, 265.

[28] „Eine Gesellschaft, die sich nicht einschüchtern lässt, die Opfer aushält und ihr offenes Leben weiterlebt, ist vom Terror nicht zu besiegen." (Ulrich: Kriegszone Europa, 4).

[29] Vgl. *Pörksen:* Plastikwörter.

[30] *Chenu:* Un théologien en liberté, 168.

[31] *Chenu:* Un théologien en liberté, 169. Mit den Worten von Papst Franziskus: „Es geht [...] um eine Kultur [der Begegnung], die davon ausgeht, dass mir der andere viel zu geben hat. Ich muss auf den anderen in einer Haltung der Offenheit und des Hörens zugehen, ohne [...] die Auffassung, er könne mir nichts geben, weil er Vorstellungen hat, die zu meinen eigenen im Gegensatz stehen [...]. [...] Jeder Mensch hat etwas beizutragen [...]." (Bergoglio: Mein Leben, 122).

[32] *Certeau:* La faiblesse de croire, 223.

[33] *Certeau:* La faiblesse de croire, 223.

[34] *Certeau:* La faiblesse de croire, 223.

[35] In einem kulturwissenschaftlichen Sammelwerk zur *Figur des Dritten* ist zu lesen: „Differenztheoretisch entstehen ‚Effekte des Dritten' immer dann, wenn intellektuelle Operationen nicht mehr bloß zwischen den beiden Seiten einer Unterscheidung oszillieren, sondern die Unterscheidung als solche zum [...] Problem wird. Zu den jeweils unterschie-

denen Größen tritt die Tatsache der Unterscheidung [...] hinzu [...]."
(*Koschorke*: Ein neues Paradigma der Kulturwissenschaften, 11).

[36] Vgl. *Deleuze*: Différence et répétition, 1 sowie *Descobes*: Das Selbe und das Andere, 193; 195.

[37] Vgl. den Beitrag von *Hildegund Keul* in diesem Buch.

[38] *Klinger*: Christliche Identität im Pluralismus der Religionen, 115.

[39] *Klinger*: Christliche Identität im Pluralismus der Religionen, 115f.

[40] Vgl. expl. *Krist*: Spannung statt Spaltung.

[41] Siehe auch die schöne Märchenumkehrung Die Geschichte vom bösen Hänsel, der bösen Gretel und der Hexe von *Paul Maar*, die ich Anni Hennersperger verdanke („Dann möchte ich einmal Rotkäppchen von einem Wolf erzählt bekommen").

[42] *Bucher*: Katholische Intellektualität, 160.

Podiumsgespräch mit Jugendvertretern

OLIVER BINDER:
Evangelische Jugend Salzburg-Tirol, Diözesanjugendreferent

MATTHIAS KREUZRIEGLER:
Katholische Jugend Österreich, Vorsitzender

MARAWAN MANSOUR:
Muslimische Jugend Österreich, Vorstandsmitglied

BETTINA GRIESSLER:
Moderation

1.

GRIESSLER: *Alle hier vertretenen Jugendorganisationen sind Mitglieder in der Österreichischen Bundesjugendvertretung.*

KREUZRIEGLER: Ich bin der ehrenamtliche Vorsitzende der Katholischen Jugend Österreich. Ich hab mein Engagement in der Pfarre begonnen, dann im Dekanat fortgesetzt, während meines Zivildienstes bei der Katholischen Jugend erweitert und bin seit Ende 2013 ehrenamtlicher Vorsitzender der Katholischen Jugend Österreich.

BINDER: Ich bin Diözesanjugendreferent der Evangelischen Jugend Salzburg-Tirol und gehöre dem Evangelischen Jugendrat Österreich an. Das ist das höchste demokratische Gremium innerhalb der evangelischen Jugend. Ich komme ursprünglich aus Deutschland, bin verheiratet und habe vier größtenteils schon erwachsene Kinder.

MANSOUR: Ich bin von der Muslimischen Jugend Österreich, genauer für den Wiener Vorstand hier. Seit 2009 engagiere ich mich in der Muslimischen Jugend Österreich auf vielfältige Weise: Theater-Spielen, das Leiten einer Ortsgruppe, Beteiligung am interkulturellen-interreligiösen Dialog und an der Zusammenarbeit mit anderen Jugendorganisationen. Beruflich habe ich im Dezember 2015 mein Jus-Studium abgeschlossen. – Ich selbst stamme aus einer gemischten Familie: Meine Mutter kommt aus Traismauer in Niederösterreich und mein Vater aus Alexandria in Ägypten. Ich bin also quasi in zwei Welten und ziemlich „plural" aufgewachsen, einerseits mit islamischem Hintergrund und andererseits mit der katholischen Familie und schließlich in einer doch recht säkular und atheistisch ausgerichteten Gesellschaft.

2.

Griessler: *Wie erleben Jugendliche diese pluralistische Gesellschaft?*

Kreuzriegler: Jugendliche sind ein Teil dieser Gesellschaft. Sie sind so unterschiedlich und vielfältig, dass man nicht sagen kann: Jugendliche denken so und so; oder sie sehen die Gesellschaft auf diese bestimmte Weise. Denn sie sind ein Teil davon und sie sind auch ein Teil von diesem gesellschaftlichen Pluralismus.

Binder: Ich glaube, für Jugendliche ist Pluralität ganz selbstverständlich. Natürlich gibt es viele Subgruppen und Subgruppen von Subgruppen usw., sodass da jeder das Eigene lebt. Aber generell gilt es als Selbstverständlichkeit, dass man für sich selbst große Möglichkeiten und Freiheiten hat; man kann unterschiedlichste Situationen erleben, andere Leute kennen lernen, andere Sichtweisen erfahren. Das gehört heute zum Lifestyle dazu, was viele vielleicht gar nicht reflektiert haben, weil sie etwas anderes gar nicht kennen.

Aber diese Möglichkeiten sind auch stark abhängig davon, wo jemand wohnt. Ich selber habe meine österreichische Zeit im Stubaital begonnen, wo gerade mal zwei Nachbarn in der Nähe gewohnt haben. Das prägt in einer bestimmten Weise... Heute beobachte ich, dass Jugendliche ganz anders verortet sind. Natürlich leben alle mit diesen Multi-Optionen, die sie durch Medien, Konsum und unsere Bildungslandschaft haben. Trotzdem ist es in einem Alpental enger als etwa in einer Großstadt. Wie sich daher Pluralität praktisch für Jugendliche anfühlt, hängt ganz stark davon ab, wo sie leben und in welchem Milieu sie aufwachsen.

Mansour: Diese Freiheit eröffnet Chancen, die unterschiedlichsten Möglichkeiten zu nützen und sich darin selbst zu entfalten. Aber man erlebt auch eine Unsicherheit, weil man sich in einer extrem pluralen Gesellschaft, in der nichts mehr eindeutig ist, immer wieder behaupten muss, um seinen eigenen Lebensweg zu finden. Man braucht ein klares Bild von sich selbst und seinen persönlichen Wertevorstellungen. Dazu braucht es auch viel Wissen darüber, wie diese Gesellschaft funktioniert. Wenn man das nicht hat, wird die Vielfalt der Möglichkeiten, werden all die Chancen einfach komplett anders erlebt und verursachen eher Unsicherheit und evtl. sogar Angst bei den Fragen: Wie geht es mit mir weiter? Wie geht es mit meinem Leben weiter? Schaffe ich es, über die Runden zu kommen? Habe ich Angst vor Überfremdung? All diese Fragen und Ängste beschäftigen die Jugendlichen – auch mir selber geht es nicht anders. Die Zeiten, von denen man erzählt bekam: dass man mit Matura super Jobchancen hat und dann am besten in einer Bank arbeitet und dann für sein Leben ausgesorgt hat, oder dass man mit seinem Studium an der Spitze ankommen wird und überhaupt alles rosig ist, sind definitiv vorbei.

KREUZRIEGLER: Es hängt also nicht nur vom Ort ab, sondern sehr stark vom Kontext, vom Umfeld. Wenn ich aus einem kleinen Dorf mit 300 Einwohnern komme und dort gibt es auch Menschen anderer Kultur, anderer Religion, mit anderen Weltanschauungen, dann werden die jungen Menschen von dort ganz selbstverständlich mit diesem Thema aufwachsen und ihr ganzes Leben darauf aufbauen können.

3.

GRIESSLER: Wie wird die Herausforderung in dieser Gesellschaft erlebt, zu seiner Religion und zu seiner Tradition zu stehen? Wie wird man anerkannt, wenn man als religiöser Mensch in dieser Gesellschaft leben will?

KREUZRIEGLER: Derzeit gibt es diesen neuen Trachten-Hype, der ja viel mit Tradition zu tun hat. An diesem Beispiel sieht man, wie sehr „alte Dinge", Traditionen, auch in der Moderne und auch bei Jugendlichen sehr gut ankommen, sogar in der heutigen Zeit.

Zu den Herausforderungen, zu der Religion zu stehen, kann ich aus persönlichen Erfahrungen sprechen. Als ehrenamtlicher Vorsitzender habe ich natürlich eine Facebook-Seite und dort ist ganz öffentlich, dass ich bei der Katholischen Jugend bzw. generell in der katholischen Kirche aktiv bin. Anfangs waren meine Erwartungen an die Reaktionen aus meinem Umfeld zwiespältig. Für mich war jedoch überraschend, dass die Rückmeldungen bzw. die Aussagen durchwegs positiv waren. D.h. fast alle, mit denen man über dieses Thema gesprochen hat, waren zuerst zwar erstaunt und haben sich gewundert, weil sie mir ein solches Engagement nicht zugetraut hätten, nämlich dass ich in der Kirche aktiv bin, aber sie haben durchwegs positiv reagiert. Und sie haben dann von ihrem eigenen Glauben, von ihrer eigenen

Vergangenheit in der Pfarre bzw. in der Jugend zu erzählen begonnen. Das war für mich ein sehr schönes Erlebnis.

Binder: Ich glaube, es ist ein Unterschied, auch heute noch, ob ich in Österreich römisch-katholisch bin als Jugendlicher und sage, ich gehe zur Katholischen Jugend bzw. ich arbeite in der Jungschar mit, oder ob ich evangelisch bin. Das will ich näher erläutern.

In der Volksschule und sogar noch später wurden meine Kinder gefragt: „Feiert ihr auch Weihnachten? Habt ihr auch den Jesus?" Als sie geantwortet haben, „wir feiern Weihnachten und wir glauben auch an Jesus und wir lesen ab und zu die Bibel" – da war große Verwunderung. Und als die Nachbarkinder mitbekommen haben, dass unsere Kinder ab und zu in den Gottesdienst fahren, waren sie noch mehr verwundert. Denn: „Ihr seid evangelisch, ihr braucht das doch nicht."

Ich glaube, es ist ein Unterschied, ob ich zu einer Mehrheit dazugehöre, in der ein relativ großes rudimentäres Wissen noch da ist (über Tradition und über das, was alle verbindet), oder zu einer Minderheit, auch wenn diese relativ nah verwandt ist.

In unserem Haushalt lebt seit kurzem ein junger Mann aus Afghanistan und seitdem beobachte ich, wie ihm begegnet wird. Oder wie auch ich ihm begegne, oder wie unsere Kinder ihm begegnen. Allein durch sein „andersartiges" Aussehen und beispielsweise seine Religion verhalten sich die Menschen ihm gegenüber anders.

Bestätigen kann ich, dass Jugendliche, die sich engagieren, Anerkennung erfahren. Das erzählen mir viele ehrenamtliche Mitarbeiter/innen unserer Organisation. Dort wird viel Wert auf Bildungsarbeit gelegt, wobei die Jugendlichen hier im kirchlichen Unterricht mitarbeiten. Dafür braucht es ziemlich viel Ausbildungszeit. Wenn sie davon in der Schule erzählen, dann gibt es Anerkennung. Diese Anerkennung ist verbunden mit dem Etwas-Tun-für, Sich-Einbringen: Das wird anerkannt.

Aber religiöse Praxis an sich, Frömmigkeit, Spiritualität im weiteren Sinne, da erlebt man sehr viel Unverständnis oder auch Unwilligkeit und -fähigkeit, darüber sprechen zu wollen. Das ist eher „wurscht"; das ist ein ganz privates Ding, „da brauchen wir nicht darüber reden".

Ich erlebe religiöses Engagement, wenn es irgendwie sichtbar ist – Mitarbeit, Engagement – als etwas, das anerkannt wird. Engagement *gegen etwas* wird schon weniger anerkannt, religiöse Fragen erlebe ich als sehr indifferent bis gleichgültig.

Mansour: Für das Erleben von muslimischen Jugendlichen muss ich zwei Ebenen differenzieren: Das eine ist die allgemeine Ebene, d.h. allgemein als religiöser Mensch zu leben und das zweite ist, wie man das als muslimischer Jugendlicher erlebt.

Ganz allgemein kann ich jetzt für mich persönlich sagen, dass für mich als Mensch, der in der Großstadt Wien groß geworden ist, Religion eigentlich kaum eine Rolle gespielt hat. Die meisten Freunde waren und sind ziemlich atheistisch, für die gilt Religion als irrational, altbacken, reaktionär. Da klar zu machen, dass das eigentlich gar nicht stimmt, war immer ein Thema. Meistens beginnen solche Diskussionen mit dem Vorwurf: „Die Religion ist schuld an allem Leid und Übel, das es irgendwo auf der Welt gibt." – Dann aber zu argumentieren: „Nein, das ist gar nicht so, so kannst du nicht urteilen. Auch wir religiöse Menschen sind eine Quelle für das Gute auf der Welt. Im Gegenteil solltest du auch einmal deine Positionen hinterfragen", war und ist immer noch eine große Herausforderung.

Ich glaube, dass das sehr stark davon abhängig ist, wo und wie man sozialisiert wurde, ob in Wien, in der Großstadt oder am Land, wo Religion immer noch eine größere Rolle spielt.

Die zweite Ebene ist, wie man das als muslimischer Jugendlicher erfahren hat. Dazu muss ich sagen, dass das Leben als muslimischer Jugendlicher nicht einfach ist in den letzten Jahren. Wir sehen uns vor vielen Problemen und Herausforderungen, um den eigenen Part als religiöser Mensch zu finden: speziell seit dem 11. September, jetzt besonders seit den letzten Jahren des Krieges und der Rolle des IS, mit den Anschlägen in Europa usw. Man ist als Jugendlicher extrem stark in einem Rechtfertigungsdruck. Denn ganz egal, wo man hinkommt: Die Leute wollen wissen: „Wie ist das bei euch? Wie kann es sein, dass Leute zu Terroristen werden und Anschläge verüben?" – und weiter: „Eure Religion predigt ja sowieso nur Gewalt, sie ist wie die Ausgeburt allen Bösen."

Man hat dabei das Gefühl, dass man sich ständig rechtfertigen muss über alles, dass man Experte sein sollte in allen Themen, die damit verbunden sind. Medial wird man ständig damit konfrontiert, sodass man total überwältigt ist von einer negativen Stimmung. Das wirkt sich auf die Jugendlichen aus.

Wir versuchen in unserer Arbeit, den Jugendlichen immer einen Gegenentwurf zu geben und sagen: „Ok, schaut, ihr seid jetzt hier in Österreich, ihr seid mit allen möglichen Herausforderungen konfrontiert; auch dass ihr einem starken Rechtfertigungsdruck unterliegt und dass das Image des Islam nicht sonderlich positiv dasteht in letzter Zeit. Trotzdem hindert euch das nicht, eine eigene österreichische islamische Identität zu entwickeln und Teil des Landes zu sein, ja Teil des Lebens in diesem Land zu sein, in dem ihr eben lebt."

> PODIUMSGESPRÄCH

Wir helfen den Jugendlichen, Ängste abzubauen. Denn den Jugendlichen fällt es oft ganz schwer, sich hineinzudenken in die österreichische Mentalität, obwohl ihre Lebensrealität ansonsten total österreichisch ist, total westlich ist: Sie haben dieselben Träume wie alle anderen, sie wollen einen guten Job haben, ein gutes Auto fahren, am besten zweimal im Jahr auf Urlaub fahren irgendwo in den Süden, wenn es sich ausgeht, vielleicht irgendwann einmal ein Haus im Grünen usw. Die sind gar nicht so verschieden. Aber was die Identitätskonstruktionen betrifft, schaut die Welt ganz anders aus, was leider zur Folge hat, dass die Jugendlichen sich z.B. schwer tun, positive Visionen zu entwickeln.

Ich habe in einem Workshop zum Thema Islam in Österreich gefragt: „Wie wird der Islam in Österreich 2050 aussehen? Was sind eure Visionen? – Für die meisten waren das ganz banale Dinge, wie z.B. einen Job finden, einen Job als Mädchen mit Kopftuch finden, nicht diskriminiert werden.

Aber es ist nicht einfach, die eigene Identität zu finden und zu wagen zwischen den gegensätzlichen Polen eines Abdriftens in Extremismus und einer völligen Aufgabe der Religion. Hier den eigenen Weg zu finden und zu sagen: „Ok, es ist gut wie ich bin, ich will so angenommen werden, wie ich bin." Das ist die Herausforderung, vor der wir stehen in dieser pluralen Gesellschaft.

KREUZRIEGLER: Auch mir kommt vor, dass man sich immer mehr rechtfertigen muss. Religion bekommt vermehrt diesen Stempel, sie sei schuld an vielem. Das bemerke ich bei vielen Jugendlichen und generell bei vielen Menschen in meinem Umfeld, sogar im katholischen Bereich. Viele vereinfachen, dass nicht nur irgendwelche Extremisten oder Fundamentalisten Böses anstellen, sondern unterstellen dies gleich allen Gläubigen. Es wird immer weniger differenziert zwischen dem Normalen, Traditionellen, zwischen dem Glauben, wie wir ihn leben, und Terroristen, die teilweise nicht mehr wissen, woran sie wirklich glauben oder wofür eigentlich sie stehen. Dieses Thema haben wir auch in einem Dialog mit der muslimischen Jugend bearbeitet.

Wir haben übrigens schon öfter gemeinsame interreligiöse Veranstaltungen gemacht, bei denen wir auch herausgearbeitet haben, wie viele Gemeinsamkeiten es in Wahrheit gibt in unserem Leben, aber auch in unserem Glauben. Das ist etwas, was viele Jugendliche noch nicht erkannt haben, dass nur, weil jemand ein Kopftuch trägt oder irgendwie anders seine Religion kenntlich macht, er trotzdem viele Gemeinsamkeiten haben kann. Aber es gibt Berührungsängste, wenngleich es nun – zumindest in den Städten – immer selbstverständlicher wird, mit Gleichaltrigen aufzuwachsen, die „anders" sind.

Mansour: Ich habe in der Schule erlebt, dass es Standard ist, sich über Religion, über Jesus lustig zu machen – bis zum Zynismus. Für mich völlig unverständlich. Aber manche ideologisch Geprägte geben der Religion Schuld an allem Bösen – ohne sich ihr eigenes Handeln anzusehen, das sich in Diskussionen erschöpft, ohne dass irgendetwas Positives bewirkt wird. Das habe ich ihnen vorgehalten und auch den Satz: „An ihren Früchten soll man sie erkennen, d.h. an den Taten." Da waren manche Diskussionen relativ schnell beendet.

Als religiöse Menschen können wir viel beitragen, weil mit der Motivation für unser Tun auch ein Bekenntnis zur Spiritualität verbunden ist. Dann erkennen andere, dass eine innere spirituelle Kraft bewirkt, dass sich Leute engagieren und dass dies Auswirkungen hat. Das ist für religiöse Menschen ganz wichtig, dies deutlicher den Menschen zu zeigen, damit sie sehen, dass es etwas Positives sein kann, religiös zu sein. Dies ist wichtig in einer Gesellschaft, in der Religion und Weltanschauung generell in den Hintergrund treten, ohne dass die aber tatsächlich verschwinden.

Ich vermute, dass ursprünglich fast alle religiösen Traditionen aus einem Hintergrund kommen, und dann die herrschende gesellschaftliche Ordnung hinterfragt haben mit der Frage: Was macht ihr da? Ist das korrekt? Ist es gut für den Menschen, was ihr macht, oder schadet es den Leuten? – Das war möglicherweise so bei Buddha, bei Jesus, der die Geldwechsler aus dem Tempel vertrieben hat, bis zu Mohammed. Ich glaube, dass wir in diesem Sinn einiges in dieser Gesellschaft beizutragen haben.

4.

Griessler: *Welche religiösen Traditionen haben für euch eine persönliche Bedeutung? Was ist für euch wichtig, was hat eher weniger Bedeutung für euch?*

Binder: Bibellesen und Glaubenslieder sind zwei Dinge, mit denen ich aufgewachsen bin und die mir wertvoll sind. Und etwas, das vielleicht etwas schräg dazu steht, hängt für mich mit dem Wort „Befreiung" zusammen. Befreiung bedeutet für mich auch die Ermächtigung, die Erlaubnis, den Aufruf zu Widerstand, wo Zustände nicht befreiend sind. Das führt zu einem gesellschaftlichen und politischen Engagement, das für mich direkt aus dem Glauben begründet ist.

Mansour: Ich habe den Glauben eigentlich erst mit 16 entdeckt; gleichsam während meiner Suche nach Antworten zu den Fragen: „Wer bin ich? Was will ich? Wo geh ich hin? Wo komm ich her?" Anschließend bin dann in vieles erst hineingewachsen. Was für mich einen großen Wert hat, ist der Ramadan als ein ganzer Monat der spirituellen Einkehr und der Erneuerung mit Fasten und dem Hinwenden zu mehr Spiritualität. Das ist aber auch eine große Herausforderung.

Das Koran-Lesen ist mir wichtig vor dem Hintergrund, Gottes Wort bewusst wahrzunehmen, auch das Ganze zu hinterfragen und zu versuchen, zu sehen, was es für einen Stellenwert im eigenen Leben hat … und dann immer wieder Neues zu entdecken.

Wozu ich fast gar keinen Zugang habe, sind Bräuche wie etwa das Opferfest. Das registriere ich und gehe in die Moschee, aber ich bin eben nicht damit aufgewachsen und finde keinen tieferen gefühlsmäßigen Zugang. Das erlebe ich bei Christen ganz anders, vor allem in der Verbindung mit Weihnachten. In der Weihnachtszeit, in Weihnachtsstimmung, ist es bei meinen Verwandten in Niederösterreich ganz klar, dass die Familie zusammenkommt, dass die Oma kommt, dass man ein Lebkuchenhaus geschenkt bekommt. Das erlebe ich mit dem Opferfest nicht. Damit bin ich nicht aufgewachsen, deshalb ist wohl die gefühlsmäßige Bindung nicht wirklich da.

KREUZRIEGLER: Was ich wunderschön finde, sind die katholischen Feste, vor allem Weihnachten und Ostern. Was mir daran besonders gut gefällt ist, dass es doch immer gelingt – egal wie stressig die Zeit davor war – an diesen Festen herunterzukommen, sich zu besinnen und gemeinsam mit der Familie, mit den Freunden, dieses Fest zu feiern. Weihnachten wird traditionell mit der Familie gefeiert. Zu Ostern hingegen gibt es eine Auferstehungsfeier, die um 5 Uhr in der Früh beginnt, an der mittlerweile 600-700 Jugendliche teilnehmen, und dann vor der Kirche noch in der Früh Eier pecken und ins Pfarrhaus gehen zu einem gemeinsamen Frühstück. Da erlebt man wirklich Gemeinschaft und das, was das Katholische meiner Meinung nach auch sehr stark ausmacht.

5.

GRIESSLER: *Sicher gibt es in jeder Religion selbst eine Pluralität, unterschiedliche Zugänge. Welche Reibungspunkte erlebt ihr in der eigenen Gemeinschaft?*

MANSOUR: In der muslimischen Jugend gibt es Konflikte, die mit der Nationalität zusammenhängen. Das beobachten wir auch in der Jugendarbeit deutlich. In der islamischen Community gibt es daher total unterschiedliche, oft national geprägte Zugänge. Da gibt es Unterschiede zwischen Türken, Bosniern, Albanern, Tschetschenen, Arabern, wobei die Araber untereinander noch einmal verschieden sind: Ägypter, Syrer, Maghrebiner usw., und dann gibt es noch die indopakistanische Community, die Bangladeshis usw. Die sind natürlich alle nach Österreich gekommen mit einem ganz anderen Set und einem ganz anderen Lebensgefühl. Das merkt man auch bei der zweiten, dritten Generation etwa im Umgang miteinander.

Das kostet auch mich selbst immer wieder Anstrengung, die Sichtweisen zurückzustecken, die aus der eigenen Prägung stammen, um den Anderen so zu akzeptieren wie er ist. Das ist definitiv eine große Herausforderung. Wenn man das weiterdenkt, sollten diese ganzen nationalen Spaltungen überwunden werden, in denen wir als Muslime immer noch leben, damit die Menschen wirklich zueinander kommen: Dass es z.B. keine Absonderung mehr gibt in einen bosnischen Kulturverein, in einen ägyptischen Club, in eine türkische Moschee usw., sondern dass die Leute zusammenfinden. Das versuchen wir in unserer Arbeit sehr bewusst. Wir sind die größte muslimisch-deutschsprachige Jugendorganisation. Das uns verbindende Element ist, dass wir hier sind, hier leben, hier aufgewachsen sind, dieselbe Sprache sprechen. Aber wenn jeder mit seinem Dialekt und seiner eigenen Sprache daherkommt, bringt uns das relativ wenig weiter.

Ein anderer Konflikt existiert zwischen alter und junger Generation, aber das war schon immer so und ist kein Spezifikum für unsere Gemeinschaft. Konkret wollen Junge das Recht, ihren Platz einzufordern. Sie wollen gehört werden. Sie gehen ihre eigenen Wege, ohne klarerweise die Errungenschaften der älteren Generation abzuwerten (wozu man manchmal schon geneigt wäre). Man will sich einfach einen Platz schaffen in der muslimischen Community, aber auch ganz allgemein in der Gesellschaft insgesamt.

Wertvoll ist es, nach außen zu gehen, den Kontakt zu den Menschen zu finden, zu anderen Jugendorganisationen, um aus den eigenen Denkmustern herauszukommen und neue Erfahrungen zu machen. Hilfreich ist etwa der Kontakt mit der katholischen Jugend. Aber da haben wir sicher noch viel zu tun.

Binder: Formal ist die Evangelische Kirche eine Gemeinschaft aus drei Kirchen: Lutheraner, Reformierte und Methodisten. Da gibt es schon Unterschiede. Das fällt bei den Jugendlichen nicht so ins Gewicht. Die Bruchlinien erlebe ich eher zwischen den Leuten, die *bewusst* evangelisch leben wollen aus einem *theologisch-evangelikalen* Verständnis heraus: „Mein Glaube, ich bin erlöst und das bringt mich jetzt weiter." Und anderen Leuten, die *bewusst* evangelisch leben wollen aus einem *liberalen theologischen Verständnis*. Das wird teilweise auch innerhalb der Evangelischen Jugend Österreich abgebildet, je nachdem, wie sich diese Verständnisse entwickelt haben.

An einzelnen Orten fällt das in der Regel nicht auf, wenn die Leute unter sich bleiben. Da ist halt die Evangelische Jugend vor Ort stets durch eines dieser Milieus mehrheitlich geprägt; die anderen gehen dann woanders hin. Wenn wir aber bundesweite Tagungen haben, dann wird es spannend. Dann merkt man auf einmal, dass man die Bibel auf mindestens zwei verschiedene, wenn nicht wahrscheinlich so viele verschiedene Arten lesen kann, wie Personen im Raum sind. Und das ist für manche eine schmerzliche Erkenntnis. Das wiederholt sich dann von Tagung zu Tagung, weil nicht immer die gleichen Leute kommen, sondern weil *manche*, die das einmal erlebt haben, eben nicht mehr kommen.

Für Protestanten ist die Frage fundamental: „Wie verstehe ich die Bibel und wie verstehe ich daraus meinen Glauben und welche Konsequenzen leite ich daraus ab?" Da gibt es große Unterschiede zwischen dem evangelikalen und dem liberalen Bereich innerhalb unserer Kirche, auch unter der Jugend. Eine aktuelle Streitfrage innerhalb der Evangelischen Jugend unserer Gemeinden in der Diözese Salzburg-Tirol ist im Moment beispielsweise die Sichtweise zum Thema „Homosexualität". Die einen sagen: „Ja, ist eine ganz gleichberechtigte Lebensform und Ausdruck der natürlichen sexuellen Identität." Die anderen sagen: „Das ist Sünde."

KREUZRIEGLER: Man kann vieles von dem Gesagten fast 1:1 für die katholische Situation übernehmen. Was ich ergänzen möchte im Blick auf die Jugend, sind die unterschiedlichen Arten, den Glauben zu feiern, abgesehen vom sonntäglichen Gottesdienst. Hier entstehen Reibungspunkte, wenn Gruppierungen mit unterschiedlichen Vorlieben versuchen, gemeinsam den Glauben zu feiern. Nur mit Kompromissen funktioniert es relativ gut. Ich denke dabei regelmäßig an den Satz, dass katholisch allumfassend ist. Das beschreibt es gut, dass in der katholischen Kirche ganz verschiedene Arten, den eigenen Glauben zu feiern, ihren Platz haben und man trotzdem auch gemeinsam feiern kann.

Was im Zusammenhang mit Pluralität noch dazu passt, ist unsere Vernetzung im mitteleuropäischen Katholikentag, der im November 2016 in Wien stattfindet. Dabei werden wir mit Deutschen, Ungarn, Slowenen, Kroaten usw. als Mitteleuropäer einen gemeinsamen Tag verbringen und eine Tagung veranstalten. Das wird sehr interessant, weil uns eine Religion verbindet, die doch stark von der Kultur des jeweiligen Herkunftslandes mit manchen spezifischen Traditionen geprägt ist.

6.

GRIESSLER: *Welche Gemeinsamkeiten, Kontakte, Kooperationen gibt es eigentlich zwischen euren Organisationen? Wo erlebt ihr markante Unterschiede?*

MANSOUR: Wir sind sehr viel vernetzt. Das beginnt von der Bundesjugendvertretung, in der alle Jugendorganisationen in Österreich vertreten sind, bis hin zum Ökumenischen Jugendrat, bei dem sich Ökumene-Jugendorganisationen treffen. Dann gibt es noch OJA, das ist ein Jugendnetzwerk, in dem die politischen Jugendorganisationen ein bisschen aufgeschlossen werden, und es gibt viele punktuelle Kooperationen. Z.B. hat es 2014 ein Friedensgebet gegeben, gemeinsam mit der evangelischen, mit der jüdischen, mit der buddhistischen, mit der muslimischen Jugend. Wir versuchen laufend, in Kontakt zu treten und gemeinsam Akzente zu setzen und als Jugend gemeinsam aufzutreten.

BINDER: Die Bundesjugendvertretung und die Landesjugendräte sind der politisch-organisatorische Bereich, in dem Jugendverbände gut miteinander arbeiten, im Interesse für die Kinder und Jugendlichen. Ich erlebe das so, dass ich immer wieder ganz wertschätzend angefragt werde, ob wir als EJ nicht etwas mit anderen machen wollen. Dabei ist die Zahl der Angebote so groß und meine Zeit begrenzt, wie es auch anderen Ehrenamtlichen geht, sodass wir nicht immer positiv auf alle Anfragen reagieren können. Da entsteht leider der Eindruck, als wollten wir nicht kooperieren. Und dann fängt eine Rechtfertigungsschleife an. Also macht man irgendwo mit, und es wird quantitativ immer mehr, aber immer weniger an Qualität. Es ist nicht so einfach, mit einer kleinen Gruppe bei allem mitzuhalten. Und ich halte nicht viel davon, immer nur dann mitzumachen, wenn man danach in den Medien ist. Grundsätzlich finde ich jede Zusammenarbeit erfreulich.

Kreuzriegler: Vieles wurde schon angesprochen, etwa die Bundesjugendvertretung. Von daher gibt es ja immer wieder etwas, angefangen von den generellen Projekten und Initiativen aus der Bundesjugendvertretung mit den Jugendorganisationen selbst zu Anliegen gegenüber der Politik, wenn es darum geht, den Anliegen der Jugendlichen Gehör zu verschaffen.

Mediale Arbeit ist wichtig, weil es ganz wichtig ist in einer Welt, die medial geprägt ist, einfach ein Gegengewicht zu erzeugen, aufzuzeigen: Wir stehen gemeinsam für... Natürlich soll man sich nicht beschränken auf mediale Arbeit.

Lokale Initiativen und Kooperationen sind hoch zu schätzen. Anlässlich des letzten Weltjugendtages haben wir während der Jugendpastoralen Woche 2013 einen gemeinsamen Workshop gemacht zum Thema Interreligiöser Dialog mit dem klingenden Namen „Allah unser".

Erwähnen möchte ich eine interreligiöse Reise in die Türkei, um sowohl eine islamische und christliche Geschichte zu entdecken, als auch die gemeinsame Geschichte.

Binder: Aus meiner Sicht entstehen die positivsten Erfahrungen von Kooperationen dort, wo es ein gemeinsames Ziel gibt, wegen dem die Leute zusammenkommen, das verbindet. Und trotz und neben diesem „Tun" eröffnet sich ein Gespräch über das, was das Leben umfasst: die normalen Schmähs, das Reden über das Hobby, die Ziele, die Religion, den Glauben. Gemeinsame Reisen, um etwas woanders kennen zu lernen, sind besondere Gelegenheiten, bei denen Menschen unterschiedlicher Tradition einander kennen lernen und merken: „Wir sind gleich, wir sind unterschiedlich und wir verstehen uns."

Griessler: *So viel Vernetzung, Aufeinander-Zugehen und Einander-verstehen-Wollen sind schöne Perspektiven für unser Land, in dem wir das Zusammenleben in gegenseitigem Respekt gemeinsam, miteinander gestalten können.*

Danke für das Gespräch.

BISCHOF ALOIS SCHWARZ

LEBEN IST VIELFALT

„Leben ist Vielfalt" ist die Überschrift dieser Tagung. Und jetzt war in dem Text aus der Heiligen Schrift (Eph 4,3-5) von der Einheit die Rede: ein Leib, ein Geist, ein Herr, ein Glaube, eine Taufe. Das Wort Einheit löst verschiedene Gefühle aus. Bei manchen das Gefühl der Enge und der Uniformität, andere denken an ein Einerlei, das aber etwas anderes ist. Manche denken beim Wort Einheit, dass man zu denken aufhören soll – und dann beginnt Angst zu wachsen.

Aber hier ist die Rede von der Einheit des Geistes. Damit ist der Geist gemeint, der verschiedene Gnadengaben schenkt, der die Phantasie entfaltet, der uns hilft, der Gnade auf vielfältige Weise zu trauen.

Einigkeit in Vielfalt kostet Mühe, Demut, Geduld und sie ist langsam und täglich zu lernen. Leben in Vielfalt ist eine Herausforderung, aus der Einheit mit Christus Vielfalt zuzulassen. Aber – so wie Jesus – nicht alle Erwartungen zu erfüllen.

Bestimmte Erwartungen aufzubrechen ist mühsam, vor allem, wenn es um religiöse Erwartungen geht. Jesus musste selbst lernen, Vielfalt zuzulassen; er, der so in Einheit mit seinem Vater lebt, und der aus einer Tradition kommt, die ihm sehr wichtig war. In dieser hat er zunächst seine zwölf Schüler gesammelt, damit sie mit ihm gehen. Dabei hat er seine Tradition in gewisser Weise abgebildet und die Verbundenheit untereinander gestärkt.

Und dann musste er lernen, dass er sich mit den Krankheiten der Menschen auseinandersetzen muss. Und die Menschen, die damit zu ihm kamen, waren listig, aber auch beschränkt, beharrlich und anhänglich. Bei manchen hat er Angst ausgelöst: „Bist du gekommen, um uns zu vernichten?", hat einer gefragt, der von Dämonen besessen war. Er, der die Menschen liebte, muss sich diese Frage gefallen lassen: „Bist du gekommen, um uns zu vernichten? Ich weiß, wer du bist, der Heilige Gottes."

Menschen hatten Angst, mit dem Heiligen in Berührung zu kommen. Sie haben sich wieder zurückgezogen. Und hier muss der Mann aus Nazaret lernen, mit dieser Vielfalt von Lebenssituationen zurechtzukommen. Auch die Bilder, die er gebraucht hatte, musste er anders und neu formulieren. Wenn sie mit dem Wort „Königtum" nichts anfangen konnten, dann musste er es „Reich Gottes" nennen und in vielen Gleichnissen beschreiben, was er damit meint: dass Gott mit dem Menschen ist.

Jesus war in diesem Punkt ein Lernender.

An einem Beispiel aus seinem Leben wird das nochmals deutlich: Nahe seiner selbst gewählten Heimatstadt Kapharnaum, in Tabga am See, hat er den Menschen Brot ausgeteilt und es blieben zwölf Körbe übrig (Mk 6,35-43), sinnbildlich für die zwölf Stämme Israels.

Danach begegnet ihm kurz in der Gegend von Cyrus und Sidon eine Frau und bettelt ihn an. Sie ist eine Fremde, eine mit einer anderen Religion, und sie bittet: Ich möchte, dass meine Tochter geheilt wird; ich möchte von dir berührt werden; ich möchte auch angenommen sein von dir. – Jesus antwortet ablehnend. Er sagt: „Es ist nicht Recht, das Brot den Kindern wegzunehmen und den Hunden vorzuwerfen." (Ein schlimmes Wort!) – Die Frau lässt nicht locker: „Aber auch für die Hunde unter dem Tisch fällt etwas von dem Brot ab, das die Kinder essen." In diesem Augenblick beginnt Jesus zu lernen: Fremde sind anzunehmen. Er erkennt, wie groß der Glaube dieser Frau ist. Und die Tochter wird geheilt.

Nach dieser Erfahrung begibt sich Jesus an die andere Seite des Sees, wo verschiedene Gruppen von Menschen leben. Dort bemerkt er ihren Hunger und hat Mitleid mit ihnen. Und wieder ist Brotvermehrung (Mk 8,1-8). Er teilt aus und es reicht für alle. Danach bleiben jetzt sieben Körbe voll übrig. Sieben Völker gab es dort. Sinnbildlich: Für alle Völker der damaligen Zeit ist das Brot bestimmt, das Jesus in Dankbarkeit teilt.

Jesus hat gelernt, nicht nur für die Zwölf da zu sein, sondern für alle Völker. Er hat damit gleichsam gelernt, Vielfalt zuzulassen und für alle da zu sein. Er weiß, dass Unterschiede ohne zu trennen anzunehmen und zu leben sind.

Das ist auch für uns heute und immer wieder – neu – mit dem Beispiel Jesus zu lernen. Und damit gehen wir mit einem neuen Denken und einer neuen Freude über die Buntheit des Lebens nach Hause und überallhin.

Autoren / Autorinnen

Autor/innen und Herausgeber

Amani Abuzahra
Mag. phil., M.A., Dozentin der Philosophie sowie der Interkulturellen Pädagogik am Hochschulstudiengang für das Lehramt für Islamische Religion in Wien sowie an der Kirchlichen Pädagogischen Hochschule Wien/Krems.

Christian Bauer
Dr. theol., Professor für Interkulturelle Pastoraltheologie an der Katholisch-Theologischen Fakultät der Universität Innsbruck.

Ulrike Bechmann
Dr. theol., M.A., Professorin für Religionswissenschaft an der Katholisch-Theologischen Fakultät der Universität Graz.

Oliver Binder
Diözesanreferent der Evangelischen Jugend Salzburg-Tirol.

Wilhelm Guggenberger
Dr. theol., Professor am Institut für Systematische Theologie der Katholisch-Theologischen Fakultät der Universität Innsbruck.

Franz Hirschmugl
Markenentwickler, Gründer des Instituts für Markenentwicklung, Graz.

Hildegund Keul
Dr. theol., M.A., Leiterin der Arbeitsstelle für Frauenseelsorge der Deutschen Bischofskonferenz, Privatdozentin für Fundamentaltheologie und Vergleichende Religionswissenschaft an der Katholisch-Theologischen Fakultät der Universität Würzburg.

Matthias Kreuzriegler
Vorsitzender der Katholischen Jugend Österreichs.

Autoren / Autorinnen

WALTER KRIEGER
Dr. theol., Generalsekretär des Österreichischen Pastoralinstituts.

MARAWAN MANSOUR
Mag. iur., Vorstandsmitglied der Muslimischen Jugend Österreichs.

ALOIS SCHWARZ
Dr. theol., Bischof der Diözese Gurk-Klagenfurt.

BALTHASAR SIEBERER
Vorsitzender des Österreichischen Pastoralinstituts, Seelsorgeamtsleiter der Erzdiözese Salzburg.

HANS-WALTER VAVROVSKY
Dr. theol., Rektor des Bildungszentrums St. Virgil/Salzburg und Domkapitular.

BÜCHER ZU ÖSTERREICHISCHEN PASTORALTAGUNGEN

Hg. im Österreichischen Pastoralinstitut
von Walter Krieger – Balthasar Sieberer
Wagner Verlag, Linz 2008–2015

- **CHRISTLICH LEBEN IN DER WELT VON HEUTE**
mit Beiträgen von
Bischof A. Schwarz, M. Widl, G. Lohfink, G. Fuchs, F. Dostal, A. Spendel,
A. R. Batlogg, Bischof M. Scheuer, Bischof E. Kapellari   EUR 12,-

- **GOTTES.KINDER.WELTEN**
mit Beiträgen von
D. Bühler-Niederberger, I.Kromer, H. Wechner, E. Schaffelhofer-
Garcia Marquez, A. Bucher, L. Kuld, R. Oberthür, A. Biesinger,
A. Lehner-Hartmann, O. Kromer   EUR 12,-

- **MIGRATION UND INTEGRATION:
PASTORALE HERAUSFORDERUNGEN UND CHANCEN**
mit Beiträgen von
W. Krieger, E.-F. Bulayumi, L. Goleva, M. Ch. Adjassoho, P. K. Kodom,
E. Öztürk, B. Wachter, M. Landau, S. Kurz, Weihb. F. Scharl, L. Vencser,
N. Dura, Bischof M. Bünker, Erzbischof A. Marchetto, M. Scheidler,
R. Polak/M. Jäggle, H.-J. Sander, Bischof A. Schwarz   EUR 11,-

- **JUGEND GEHT AB**
mit Beiträgen von
M. Lechner, M. Zentner, H. Hobelsberger, H. Wustmans,
Bischof A. Schwarz, L. Mellet / W. Krieger   EUR 11,-

- **FÜR GOTTES LOHN?! – EHRENAMT UND KIRCHE**
mit Beiträgen von
R. Popp, M. Appel, A. Halbmayr, R. Bucher, P. M. Zulehner,
A. Hennersperger, Erzbischof A. Kothgasser   EUR 11,-

- **BEZIEHUNG LEBEN ZWISCHEN IDEAL UND WIRKLICHKEIT**   EUR 5,-

- **ÄMTER UND DIENSTE**   EUR 5,-

- **MISSIONARISCH KIRCHE SEIN**   EUR 5,-

LESENS.WERT – GLAUBENS.WERT
*Impulse für PGR, Gruppen, Pfarrblatt, Schaukasten, Religionsunterricht…
(Eucharistie: A4, gebunden, 97 Seiten; die anderen Behelfe: A4-Mappen
mit 15 bzw. 16 losen Doppelblättern)*

Eucharistie – verstehen, feiern, leben
Dieser Behelf hilft, die Hl. Messe neu und vom Alltag her zu verstehen. Es geht um das Geheimnis Gottes in Jesus Christus, der in diesem Sakrament gegenwärtig ist und die Menschen mit Gott und miteinander verbindet. Durch die Mitfeier der Eucharistie – Quelle und Höhepunkt des christlichen Lebens – findet man Begegnung, Bestärkung, Trost. In 13 Themen werden Zugänge zu einem neuen Verstehen der Eucharistie eröffnet. Diese werden ergänzt durch grundlegende Beiträge. EUR 10,-

Umkehr – Buße – Versöhnung
sind Grunddimensionen des Christ-Seins und spielen – oft unter anderen Begriffen – eine wichtige Rolle im Leben der Einzelnen und der Gesellschaft. Diese Mappe lädt ein, dies neu zu entdecken. Das Thema hat zentrale Bedeutung im kirchlichen Leben, z. B. in besonderen Zeiten des Kirchenjahres, in der Sakramentenpastoral usw. Wesentlich ist, dass Umkehr, Buße und Versöhnung als Einladung und als Herausforderung einer Frohen Botschaft erfahren werden. EUR 2,-

Berufung leben – Perspektiven entschiedener Nachfolge
Was ist meine Berufung? Was gibt meinem Leben Sinn? Es geht um das Entdecken der ganz persönlichen Berufung. Jede Berufung ist in ihrem ganz spezifischen Wert zu sehen, auch im Dienst an der Gemeinschaft der Berufenen – dem Volk Gottes. Man spricht vom „allgemeinen Priestertum" aller Gläubigen und von einer speziellen „geistlichen Berufung". Berufung ist ein „Dauerauftrag" für die Kirche. Zentral geht es um eine lebendige, persönliche Beziehung zu Jesus Christus. EUR 2,-

Zum Christ-Sein berufen – aus der Taufe leben
Durch die Taufe werden Menschen in den christlichen Glauben hineingenommen. Eine Erinnerung an die Taufe führt erwachsene Christen zu einer Neuentdeckung des Glaubens und einer vertieften Erkenntnis der persönlichen Berufung zum Christsein. EUR 2,-

---

DEM GLAUBEN AUF DER SPUR
Dieses „Glaubens-Heftchen" richtet sich an ganz allgemein am Glauben Interessierte, knüpft an Erfahrungen und Fragen der Menschen an und führt sie zur Begegnung mit der Botschaft des christlichen Glaubens.
EUR 1,50 / ab 50 Stück 1,-
Für den Schriftenstand, Eltern von Tauf- und Erstkommunionkindern, Firmkandidat/innen/en, als kleines Geschenk bei Hausbesuchen… (80 Seiten, A5/6)